Ava Minatti

Die Kinder der Neuen Zeit –

Strahlende Funken des Lichts

© Smaragd Verlag, 57614 Woldert (Ww.)
1. Auflage Februar 2001
2. Auflage Oktober 2001
Cover: XPresentation nach einem Bild von Angelica
Satz: DTP-Service-Studio, Rheinbrohl
Printed in Czech Republic
ISBN 3-934254-23-3

DANKSAGUNG

Ich möchte mich bedanken:
- bei meinem Mann Antan für seine Liebe, seine Geduld und seine Unterstützung;
- bei Rowena und Jona für die Freude und für die "Lernfelder", die sie mir schenken;
- bei all meinen grobstofflichen Freunden, die mich ermutigen, weiterzugehen;
- bei den Menschen, die mir ihre Auszüge aus den Einzelsitzungen so schnell und selbstverständlich zur Verfügung stellten;
- bei Mara Ordemann, Smaragd Verlag, für die Möglichkeit, dieses Buch zu veröffentlichen, und die leichte und fließende Zusammenarbeit;
- bei all den Aufgestiegenen Meistern, Engelemanationen, lichten Wesenheiten der geistigen Welt und dem Kleinen Volk für seine Lenkung und Leitung;
- bei Gaia für die Erfahrungen, die wir gemeinsam kreieren und manifestierten, und bei allen Lichtfunken, die dabei mitspiel(t)en.

Möge die Liebe uns alle segnen! Elohim sabbaot. Amen!

INHALT

Worte zur Einstimmung 9
- Haniel 9
- Metatron 11
- Uriel 14
- Gabriel 16

Es war einmal 21

Die Sternenkinder purzeln herein 24
- Rowena 24
- Jona 30
- Zusammenleben 34

Der Auftrag 40

Kinder der Neuen Zeit 42
- Channeling von Gabriel in Verbindung
  mit Metatron 44
- Channling von Andonella/Andromeda 73

Fragen und Antworten aus der Geistigen Welt 100
- Geburt – Tips für künftige Großmütter 100
- Hilarion zum Thema telepathische
  Kommunikation mit Babys 102
- Schwangerschaft allgemein 104
- Neurodermitis 105
- Zusammenfassung einer Durchsage
  von Hilarion 107

Gespräch mit Yasmin 109

Übungen für große und kleine Kinder 120
- Ankommen 123
- Zentrieren 126
- Lichtsäulen 131
- Farbspiele zum Reinigen und Auffüllen 133
- Poldi, das Chakraputzhuhn 137
- Jumbo, der perlmuttschimmernde Elefant 139
- Engel 142
- Hyperborea 145
- Morphogenetisches Feld 150
- Delphinmeditation 157
- Lob 162
- Inneres Kind 163

Eine Geschichte 167

Ausblick 172

Abschließende Worte des
Kleinen Volkes und der geistigen Welt 175
- HANNIBAL 175
- HILARION 181

Kontaktadressen 184

WORTE zur EINSTIMMUNG

HANIEL

Dies ist HANIEL. Seid gesegnet mit der befreienden Kraft der Liebe, der transformierenden Kraft der Liebe. Wisset, daß ich Raum genommen habe, um die Liebesschleifen zu lenken und zu leiten zwischen den Ebenen eurer Bewußtseine, zwischen den Ebenen eurer Kinder und zwischen den Ebenen eurer Selbst. Es ist sehr wichtig, daß ihr arbeitet über die Kraft der Liebe. Die Kraft der Liebe zu euch selbst. Die Kraft der Liebe zu euren Kindern. Bitte erkennt, daß jedes Kind, das euch begegnet, euer Kind ist. Daß ihr für alle Kinder dieser Erde Eltern seid, und damit für sie verantwortlich. Bitte erkennt, daß die Kinder der Erde Samen der Liebe sind. Und daß dieser Samen wächst und gedeiht. So wie er im Äußeren wächst, im Ausdruck eurer Kinder, so wächst er auch in euch selbst und auch für euch selbst.

Es ist von Wichtigkeit, daß ihr euch erlaubt, diese Liebe leben zu lassen. Diese Liebe, diese Liebe ist es, die euch verbindet und heilt. Denn Liebe heilt. Liebe ist die größte Heilungsmacht in diesem Universum. Über den Fokus der Liebe, über die Anbindung an den rosafarbenen Strahl, lenkt ihr diese Liebe. Und diese Liebe heißt Freiheit. Diese Liebe ist Freiheit. Bitte erkennt dieses auch im Umgang mit euren Kindern. Lebt diese Liebe. Lebt diese Liebe und seid diese Liebe. Dieses ist HANIEL. Seid gesegnet.

METATRON

Dieses ist METATRON, und ich grüße euch über den Fokus der Shekaina. Ich grüße euch in der Liebe des Universums, das schwingt. Dieses Universum ist Liebe. Bitte erkennt dieses. Und ich bitte euch nun, die ihr Kinder dieses Universums seid, daß ihr euch besinnt auf diese Kraft der Liebe in euch. Besinnt euch auf die Kraft der Liebe in eurem Herzen. Und erkennt, daß über euer Herz eine goldene Treppe führt, hinauf auf die Ebene, die ihr euer Hohes Selbst nennt. Dieses Hohe Selbst ist der Samen der Kosmischen Liebe. Dieser Samen ist dort, um beflutet zu werden aus dem Bewußtsein von Vater-Mutter-Gott. Dieser Samen wächst und wächst. Und dieser Samen ist es, der euch erinnert an die Ebenen eurer Flügel, eurer energetischen Flügel. An die Ebenen, die ihr Engelbewußtsein nennt, Sternensaat nennt, die ihr Lichtfunken-Ebenen nennt. Dieses sind eure Anbindungen. Dieses ist euer Erbgut. Und dieser Samen der Liebe wird gespeist über die Energien der Engelemanationen, die Raum genommen haben in diesem Universum, um Liebe zu sein, um Liebe zu verströmen. Und um euch daran zu erinnern, daß ihr selbst Ausdruck der Liebe seid.

Bitte erkennt, daß ihr, wenn ihr euch erlaubt, diese Treppe von eurem Herzen hinaufzugehen in euer Hohes Selbst und diesen Samen der Liebe dort empfangt, dort findet, ihn nehmt in eure wunderbaren Hände, ihn zurücktragt über diese Treppe in euer Herz, daß er dort erneut wird, mehr zu strahlen beginnt. Daß er dort noch mehr, noch größer wird. Und daß er über dieses Herz hinauswächst, hinausstrahlt und die anderen Herzen berührt. Dieses ist die Ebene der Kommunikation der fünften Dimension. Denn es ist eine Kommunikation der Liebe. Es ist eine Kommunikation des Herzens. Dieses heißt, daß es eine Form der Freude ist. Und eine Leichtigkeit, die ausstrahlt aus eurem Herzen.

Und dieses trifft auch die Ebenen eurer Kinder. Eure Kommunikation mit euren Kindern sei auf der Ebene eures Herzens. Sei aus der Mitte eures Herzens. Sei aus eurer Liebe. Und dieses ist von Wichtigkeit, daß ihr darauf achtet. Laßt strahlen euer göttliches Bewußtsein. Laßt strahlen euer Engelbewußtsein. Laßt strahlen euer Sternenselbst in euch auf der Ebene eures Herzens. Auf der Ebene eures physischen Seins. Und in diesem Strahlen kommuniziert mit den Lichterfunken, die gekommen sind, um die Schwingungsebene, um den Schwingungsteppich von Gaia zu verändern. Um diesen Planeten mit euch gemeinsam ins Licht zu gebären. Und erkennt, daß diese Lichterfunken große Bewußtseine sind, die die Kraft für diese Transformation, für die Evolution dieses Erdensternes in sich tragen. Und, wie gesagt, gemeinsam mit euch diesen Planeten ins Licht gebären. Und ihr euch selbst damit ins Licht gebiert. Das ist es, was im Austausch mit diesen Kindern der Neuen Zeit stattfindet.

Und erlaubt euch, daß dieses im Bewußtsein aller Ebenen stattfinden kann. Dieses bedeutet, daß ihr euch erlaubt, die Liebe bewußt zu sein, bewußt zu leben, bewußt auszustrahlen. Liebt euch. Und liebt eure Kinder. Ihr seid eins. Eure Kinder sind nicht getrennt von euch. Ihr seid eure Kinder, und eure Kinder seid ihr, denn vom Standpunkt der Seele aus gibt es keine Trennung. Deshalb liebt eure Kinder und liebt euch. Und erlaubt euch, daß die Freude der Liebe, daß die Kraft der Liebe im Umgang miteinander Raum nimmt, euch erfaßt und überspringt. Und sich ein liebender Teppich über diesen Erdenball spannt. Ein liebender Teppich, der beeinhaltet, daß alles so ist, wie es ist. Daß alles geliebt wird so, wie es ist. Und daß Liebe ist um diesen Erdenstern. Seid gesegnet. Dieses ist METATRON.

URIEL

Und dieses ist URIEL. Seid gesegnet in der Kraft der Transformation. Erkennt, daß es von Wichtigkeit ist, daß die Kinder der Neuen Zeit Kinder der Transformation sind. Und daß hier auch im Leben, im Umgang mit diesen Kindern, die Transformation wichtig ist. Im Umgang, aber auch in den Strukturen, im Zusammenleben, transformiert werden darf. Und hier auch transformiert werden darf die Sichtweise über diese Kinder. Daß hier transformiert werden darf die Ebene der Begegnung, die Ebene der Kommunikation, die Ebene des Austausches, die Ebene des Miteinbeziehens. Daß hier auch die Ebene in euch im Umgang mit euch selbst, im Umgang mit euch, mit eurem Inneren Kind transformiert werden darf. Daß transformiert werden dürfen eure Glaubenssätze in bezug auf Kinder, eure Ängste im Zusammenhang mit Gebären, mit Kindererziehung, im Zusammenhang auch mit Kinderempfangen. Erkennt, daß es von Wichtigkeit ist, daß ihr hier die Kraft der Transformation über die Ebene von URIEL nutzt, um die Energie der Befreiung Raum nehmen zu lassen. Die Energie der Transformation. Damit Expansion, damit Freude, damit Leichtigkeit Raum nimmt, neues Bewußtsein, ein Bewußtsein des kosmischen Menschen, Raum nehmen kann in euch. Im Umgang mit euren Kindern. Aber auch im Umgang von euren Kindern mit euch.

Es ist von Wichtigkeit, daß ihr erkennt, daß der Adamnische Mensch neu erschaffen wird. Ihr alle seid dieser Adamnische Mensch, der jetzt wieder aktiviert wird. Der durch die Entsiegelung der DNS aktiviert wird und Raum nehmen wird. In euch großen und kleinen Kindern. Und daß hier auf der Ebene des Adamnischen Menschen ein Reich des Friedens, ein Reich des Miteinanders gestaltet wird. Und ihr gemeinsam mit euren Kindern dieses leben und erleben werdet. Seid gesegnet mit der Kraft der Transformation. Diese ist mit euch. Diese ist auch in euch, wenn ihr möchtet. Nutzt diese Transformation. Es ist eine gute Zeit für Transformation. Seid gesegnet. Dieses ist URIEL.

GABRIEL

Dieses ist GABRIEL. Ich bin gekommen über die Winde dieses Landes, hinein in diesen Tempel des Lichtes, um hier die Botschaft zu geben über die Kinder der Neuen Zeit. Wisset, die Freude aus unseren Ebenen ist groß, wenn wir die Bewußtseine sehen, die bereit sind, sich jetzt zu inkarnieren. Die Freude ist groß, wenn wir eure Bereitschaft sehen, zu empfangen. Die Freude ist groß, wenn wir sehen, wie ihr euch weiter entwickelt und weiter den Weg der Befreiung, den Weg ins Licht geht. Gemeinsam, und auch mit und über eure Kinder.

Bitte erkennt, daß es von Wichtigkeit ist, daß ihr mit euren Kindern kommuniziert. Es ist wichtig, daß ihr untereinander kommuniziert. Mit euch selbst kommuniziert und allen euren Ebenen. Geht in den Austausch. Geht in die Kommunikation, denn Kommunikation befreit. Kommunikation ist ein Fluß der Energie. Und dieses ist von Wichtigkeit, daß die Energien tanzen dürfen, fließen dürfen. Denn dadurch entsteht eine neue Welt. Eine neue Welt, die ihr vor Äonen von Zeiten erträumt habt. In die ihr schlafen gelegt habt das Bewußtsein der Neuen Zeit in euch und einkodiert habt in eure DNS. Wichtig ist, daß jetzt die Zeit gekommen ist, diesen Traum neu zu erwecken. Daß ihr wißt, daß ihr vereinbart habt, mit Bewußtseinen aus Sternenebenen, daß sie kommen werden zu jener Zeit, wenn ihr bereit seid. Wenn die Erde reif ist, diesen Traum erneut Wirklichkeit werden zu lassen. Denn Traum und Realität sind im Grunde eins. Bitte erkennt, daß diese Sternenbewußtseine jetzt reif sind. Daß ihr reif seid. Und daß deshalb diese Sternenbewußtseine jetzt ihren Teil des Vertrages, ihren Teil des Auftrages, erfüllen, indem sie als Kinder der Neuen Zeit zu euch kommen.

Ihr geliebten Kinder der Alten Zeit, und dieses ist nicht wertend gemeint, ihr habt Wunderbares geleistet. Ihr habt wunderbar gedient, hier, und eure Erfahrungen gesammelt auf dem Erdenstern. Ihr habt dieses Spiel der Dualität kreiert, ihr habt es gelebt in allen Nuancen. Freut euch, daß ihr so großartige Meister der Dualität seid. Erkennt eure Kraft. Erkennt euer Spiel hier. Erkennt aber auch eure Herkunft. Denn auch ihr seid Sternenkinder. Auch ihr seid aus den Weiten des Universums gekommen auf diesen Erdenstern Gaia. Um hier zu leben, zu dienen, zu erfahren und zu wachsen. Und ihr habt es gut gemacht. Diese Bewußtseine eurer Neuen Kinder sind Bewußseine, die die Dichte hinter sich gelassen haben. Die jetzt nicht mehr auf der Ebene, aus der ihr emporsteigt, anfangen und beginnen. Sondern die auf ihrer Ebene sind und bleiben. Hier kommt es zu einer Annäherung der Ebenen. Hier kommt es zu einem Wechsel der Dimensionen. Das ist eine wunderbare Qualität für euch, da ihr euch dadurch besinnen könnt auf euch selbst. Dies ist eine wunderbare Qualität für die Neuen Kinder, dieses Spiel mitzuerleben und mitzukreieren.

Tut dieses in Freude. Lebt in Freude mit euch. Lebt in Freude mit euren Kindern. Es ist eine freudvolle Zeit, es ist eine Zeit der großen Feste. Es ist eine Zeit des Feierns. Feiert diese Zeit und diesen gemeinsamen Prozeß mit euren Kindern. Ihr seid alle Teil dieses großartigen Ereignisses, das ihr Aufstieg nennt. Feiert es mit dem Universum. Feiert es mit uns Engelebenen. Feiert es mit den Bruder- und Schwesternschaften des Universums. Und feiert es mit Mutter Erde, die euer aller Mutter ist. Sowohl von den Neuen als auch von den Alten Sternenkindern. Und bitte, dieses ist nicht wertend gemeint. Wir haben sehr große Hochachtung vor euch, die ihr hier als Alte Sternenkinder bezeichnet werdet.

Seid gesegnet. Seid in der Liebe. Seid in der Freude. Und seid in der Bewußtheit euch selbst gegenüber und auch des Aufstiegs, der hier Raum nimmt auf dem gesamten Erdenstern, der in euch Raum nimmt, in jedem einzelnen Wesen, das hier inkarniert ist. Seid gesegnet. Dieses ist GABRIEL. Und den Segen der Leichtigkeit und den Wind der Reinigung, den Wind der Erfrischung, senke ich hinein in eure Systeme. Freude möge er verankern in eurem Sein.

Seid gesegnet!

Es war einmal ...

Ich möchte Ihnen etwas aus meinem Leben erzählen und wie das Thema "Kinder der Neuen Zeit" in mein Leben kam.

Als ich noch in den Kindergarten ging, glaubte ich fest daran, daß es ausreichte, eine Tablette zu schlucken, um ein Kind zu bekommen. Ich dachte, wenn ich groß bin, könnte ich das ja mal versuchen, das hörte sich einfach an.

Mit ungefähr zehn Jahren war ich mir sicher, daß ich keine eigenen Kinder bekommen wollte. Ich hatte in meinem Umfeld erlebt, wie das mit Windelwechseln und schlaflosen Nächten so war, und das wollte ich auf keinen Fall. Wenn ich groß wäre, könnte ich ja immer noch welche adoptieren, und zwar erst dann, wenn sie mindestens die Pubertät abgeschlossen hätten.

Einige Zeit später kam ich zu dem Entschluß, daß es noch besser für mich sei, überhaupt keine Kinder zu haben, weder eigene noch adoptierte. Ich war überzeugt, weder die Geduld noch die Nerven oder sonst eine Eigenschaft zu haben, die ich für ein Muttersein als nötig erachtete.

Dann folgten meine rebellischen, wilden Jahre der Sturm- und Drangzeit, danach die alternative Biowelle, ich wurde Vegetarierin (mittlerweile esse ich wieder gerne Fleisch), schaffte, aller Unkenrufe zum Trotz, die Matura und wurde Sozialarbeiterin.

In dieser Zeit beschäftigte ich mich auch mit Religion und esoterischem Wissen, lernte Meditationstechniken, Reiki, Lithotherapie, wurde Aura Soma Beraterin und besuchte regelmäßig Einzelsitzungen bei Medien in meiner Umgebung, um zu wachsen und an mir zu arbeiten.

Neben meiner Tätigkeit als Sozialarbeiterin gab ich Workshops und Einzelberatungen zu den Themen, die ich erlernt hatte bzw. die mich interessierten.

In meinen Beziehungen war ich auf der Suche nach der „großen Liebe". Ich glaubte oft, sie gefunden zu haben, um dann doch erkennen zu müssen, daß es ein heftiger und kurzer "Irrtum" gewesen war.

Während dieser Suche wurde ich schwanger. Nach langem Hin und Her entschloß ich mich, dieses Kind nicht auszutragen, sondern einen Schwangerschaftsabbruch durchzuführen. Ich kontaktierte die Seele der Kindes, erklärte ihr meine Entscheidung und feierte Abschied. Noch eine ganze Zeit nach diesem Eingriff spürte ich die Anwesenheit der Seele. Es war eine sehr sanfte und liebevolle Kommunikation, bis sich die Seele endgültig verabschiedete. In dieser Zeit erfuhr ich über eine mediale Freundin, daß die

Seele ein Meister war, der vor einiger Zeit aus seinem physischen Bewußtsein aufgestiegen war und noch die Erfahrung von etwa drei Monaten in der Anbindung an einen physischen Körper brauchte, um seine Inkarnationszyklen abzuschließen. Die Seele hatte mich ausgewählt, weil es zwischen uns aufgrund vergangener Leben eine Verbindung gab. Sie wollte mir über meine Freundin bestätigen, daß meine Entscheidung in Ordnung gewesen war. Sie sagte weiterhin, daß sie nun nicht mehr auf der Erde inkarnieren, sondern auf anderen Ebenen weiterlernen werde. Wir versprachen uns aber, uns am Morgen des Goldenen Zeitalters wiederzusehen.

Das war für mich eine sehr beglückende Erfahrung, und ich erwähne sie, weil ich weiß, wie viele Frauen noch mit Schuldgefühlen kämpfen, weil sie sich gegen ein Kind entschieden haben.

Auf der Seelenebene existiert keine Zeit. Alles geschieht im Jetzt-Punkt, das heißt, Vergangenheit, Gegenwart und Zukunft sind eins, nämlich jetzt. Auf dieser Ebene werden die Erfahrungen vereinbart, die die Seelen gemeinsam erleben möchten. Somit weiß eine Seele, die inkarnieren möchte, bereits, ob sie während der Schwangerschaft gehen wird oder nicht, das heißt, auch ein Schwangerschaftsabbruch geschieht im Einverständnis aller Beteiligten.

Kurz nach dieser Erfahrung bemerkte ich, daß ich wieder schwanger war. Ich dachte mir, na gut, scheinbar soll ich doch die Erfahrung der Mutterschaft in diesem Leben machen. Und ich entschied mich dieses Mal, das Kind zu bekommen. Bei der Erstuntersuchung wurde festgestellt, daß bei dem Kind eine genetische Disharmonie vorlag. Es wuchs nicht und würde abgehen.

Ich erfuhr (wieder über meine mediale Freundin), daß ich diese Schwangerschaft durch meinen Willen gelenkt hatte. Zum damaligen Zeitpunkt hatte keine Seele vor, durch mich zu inkarnieren. Meine Kraftlenkung hing mit der Überzeugung zusammen, bei meiner ersten Schwangerschaftserfahrung etwas nicht gelernt zu haben. Deshalb kreierte ich mir dieses weitere "Übungsfeld".

In dieser Zeit lernte ich Trixa Gruber kennen, die mit ihrer Buchpräsentation "Sternenwege" in verschiedenen Städten unterwegs war. Als ich sie erlebte, wußte ich, daß dieses mein Weg sein würde, und ich begann, bei ihr und ihrem Ehemann Michael die Ausbildung als Channelmedium in Frankreich auf *Les Champs Chamagne*.

DIE STERNENKINDER PURZELN HEREIN

ROWENA (2 ½ Jahre)

Ich kannte meinen jetzigen Mann bereits vom Sehen, doch hatten wir noch nie länger miteinander gesprochen. Eines Tages nahm mich eine Freundin zu einem Bekannten mit, und dort traf ich Antan wieder.

Die Begegnung mit Antan berührte mich sehr, und als ich am Abend nach Hause kam, legte ich mir ein Tarot für die Bedeutung unserer Verbindung. Ich kann mich zwar an die Karten nicht mehr erinnern, aber vom Inhalt her war es eindeutig, daß es um Partnerschaft, Liebe und die Geburt eines Kindes gehen würde.

Das war der Wendepunkt auf meiner Suche nach der großen Liebe - ich hatte sie gefunden! Unsere Beziehung entwickelte sich sehr schnell, und wir heirateten bald.

Um den Termin der Hochzeit herum wurde die Seele unserer Tochter "ungeduldig": Ich wurde schwanger. Bereits einige Wochen vorher hatte ich die Seele in meiner Aura wahrgenommen, aber mit der Schnelligkeit hatten wir nicht gerechnet.

Ich genoß die Schwangerschaft und fühlte mich sehr wohl dabei.

In einer Einzelsitzung mit Michael fragten wir Lady

Nada nach der Seele unserer Tochter, um ihr während der Schwangerschaft und auch während der Geburt eine angenehme Zeit zu gestalten, damit sich ihre Seele in Leichtigkeit mit dem entstehenden Körper verbinden konnte.

Wir erfuhren, daß diese Seele auf dieser Erde eine Erstinkarnation ist und die dritte Dimension nicht kennt. Sie kommt von Sirius und vermittelte lange zwischen den Friedensfürsten auf der goldenen Ebene von Orion. Ihr Auftrag ist es auch hier in der dritten Dimension, zu vermitteln, und sie wird bereits als Kind beginnen, dieses umzusetzen. Weiterhin ist sie darauf bedacht, Harmonie herzustellen. Allerdings ist damit nicht unser Harmonieverständnis gemeint, sondern eine "kosmische Harmonie". Nach meiner Erfahrung würde ich dieses als „Ausgleich zwischen Energien" beschreiben, was durchaus auch ein zwischenmenschliches "Gewitter" sein kann. Und trotzdem ist es aus "höherer" Sicht harmonisch.

Eine weitere Aufgabe, die unsere Tochter mitgebracht hat, ist (gemeinsam mit Antan) den lichten Fokus von Atlantis wieder auf dem Erdenstern Raum nehmen lassen. Mit mir wird sie im Bereich der "Erdheilung" zusammenarbeiten.

Die Seele kommt aus der Grenzenlosigkeit in die Begrenzung und es wird eine große Herausforderung für sie sein, sich an die dritten Dimension zu gewöhnen. (Das ist es manchmal immer noch. Sie ist sehr ungeduldig, und es fällt ihr sehr schwer, nicht fünf Sachen gleichzeitig tun zu können.)

Nada bat uns auch, sie mit Hortensien zu umgeben, da diese eine Siriusschwingung hätten und das Kind an seine Heimat erinnern würden.

Schwangerschaft

Während der Schwangerschaft haben wir Rowena sehr oft mit goldenem Licht geflutet und sie in meinem Bauch in eine goldene Kugel gehüllt, vor allem dann, wenn ich zum Beispiel in die Stadt mußte oder sonst mit vielen Menschen in Verbindung kam. Auch bei den Ultraschalluntersuchungen umgaben wir Rowena mit diesem Licht, und so konnte sie dieses ganz friedlich erleben. Bei einem Kontrolltermin hatten wir dieses nämlich vergessen, und wir stellen fest, daß sei während der Untersuchung sehr unruhig war und sich nicht wohlfühlte. Als wir sie mit goldenem Licht einhüllten, beruhigte sie sich sofort und schlief ein.

Antan und ich wechselten uns mit dem Energiefluten ab. Durch unsere chakrische Verbindung war er energetisch genauso schwanger wie ich, wenngleich sein grobstofflicher Bauch bei weitem nicht den Umfang annahm wie meiner.

Lange Zeit dachte ich, es würde ein Junge sein, weil die Energie sich so "männlich, zielgerichtet" anfühlte. Ich wurde eines Besseren belehrt. Die Wahrnehmung der Energie wurde mir aus der geistigen Welt zwar bestätigt, die Seele wollte ihre Erfahrungen aber in einem weiblichen Körper machen. Das war das erste Mal, glaube ich, daß ich etwas über die dynamische Empfänglichkeit lernte.

Antan hatte auch den Auftrag von Nada erhalten, für mich während der Schwangerschaft Trinkwasser in Anbindung an den Tempel von Luxor und Serapis Bey zu energetisieren, damit ich mich am Tag der Geburt an meine früheren Geburten erinnern und intuitiv die Geburt lenken könnte.

Mir empfahl sie, einen Bergkristall mit den leichten und liebevollen Erfahrungen meiner tausend Mutterschaften zu programmieren, die ich schon auf der Erde hatte, und diesen zu tragen.

Für mich war diese Zeit im Hinblick auf meine persönlichen Prozesse sehr intensiv. Ich wurde mit Themen konfrontiert, auch aus meiner Herkunftsfamilie, die ein großes Aggressionspotential in mir eröffneten, so daß ich oft nicht wußte, wohin ich diese Energie der Verletzung lenken sollte. An solchen Tagen habe ich ganz klar mit dem Baby vereinbart, daß dieses meine Erfahrungen waren, die ich nun aufhellen wollte, und daß es nichts mit ihm zu tun hat und es sich nicht ängstigen oder unwohl fühlen müßte. Ich schloß mein Ungeborenes in eine besondere Lichtkugel ein und so glitten meine emotionalen Stürme (und diese können sehr heftig und tief sein, da ich eine starke plejadische Anbindung habe) spurlos an ihrer Lichthülle vorbei.

Geburt

Diese begann etwas anders als geplant, und wir entschlossen uns zu einer ambulanten Geburt. Antan füllte auf die Anregung von Nada hin das Entbindungszimmer mit goldenem Licht aus der Ebene des goldenen Tempels von Orion auf. Und über die Anrufung von Erzengel Raphael errichtete er einen siebenfachen Engelring um den Raum, der Rowena als Schutzmantel diente. Das Kind hatte ein sehr offenes chakrisches System und nahm sofort jegliche Erfahrung ungefiltert auf. Der Engellichtdom war also ein geschützter Rahmen, in dem sie üben konnte, mit ihrem Chakra-System zu arbeiten.

Die ersten Wochen

In den ersten sechs Wochen waren wir sehr achtsam, empfingen nur wenig Besuch und verließen auch den energetisch geschützten Raum unserer Wohnung nicht lange, um dem Kind die Möglichkeit der sanften Landung zu geben.

Wir massierten ihm auch oft die Füßchen mit Love-Rescue von Aura Soma, um ihm das Landen zu erleichtern.

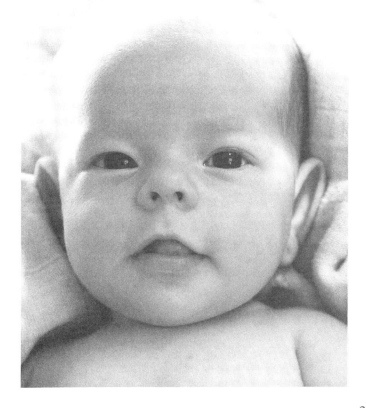

JONA (elf Monate)

Ungefähr ein halbes Jahr nach Rowenas Geburt spürte ich, daß ich wieder schwanger war. Dieses Wesen fühlte sich viel ruhiger und fließender an.

Wieder hatte ich Gelegenheit, durch Michael mit Nada zu sprechen. Es waren zwei Eier befruchtet, das heißt, es waren Zwillinge. Nada erklärte mir, daß zwei gleichberechtigte Seelen versuchten zu inkarnieren. Sie bat mich aber, eine Seelenverschmelzung durchzuführen, da es darum ginge, einer verschmolzenen Seele aus den lichten Ebenen von Cassiopaia die Möglichkeit zu geben, in einem Körper zu inkarnieren.

Cassiopaia ist ein Kollektivbewußtsein, das sich selbst zerstörte, als es entdeckte, daß es von Nicht-Lichtkräften unterwandert worden war.

Dieses Kind hatte bereits Erfahrungen in Ägypten gemacht, und Nut, die ägyptische Himmelsgöttin, meldete sich während eines Seminars und teilte mit, sie sei eine Lehrerin dieses Kindes. Sie würde ihm im Kindesalter erscheinen und es in ägyptischem Geheimwissen unterweisen.

Nada sagte auch, daß Rowena sich sehr auf dieses Wesen freue und es über ihre Freiheitsliebe und ihre Schwingungspotenz schützen würde.

Schwangerschaft

Auf Nadas Anregung hin stellte ich dem Kind die Schwingung des weißen Goldes zur Verfügung. Weißes Gold ist in meiner Wahrnehmung ein kristallines Licht mit Goldschimmer. Diese Energie lenkte ich über meinen Kanal und hüllte mich selbst und das Kind darin ein.

Ich flutete auch meine Gebärmutter mit der Energie meines zwölften Chakras, der Energie der Einheit mit allem, was ist, um hier einen energetischen Ausgleich für dieses Kind zu schaffen.

Da das Bewußtsein dieses Kindes "höher" war als meines, liebte es, wenn ich meditierte oder channelte.

Ich hatte in dieser Zeit sehr oft das Gefühl, als würde nur sein physischer Körper in mir schlafen und sein Bewußtsein noch ganz weit entfernt sein.

Seine Schwingung fühlte sich viel "weiblicher", weicher an; dieses Mal suchte sich diese Energie aber einen männlichen Körper.

Geburt

Jona kam im Lichtgarten, unserem Zentrum, zur Welt. Wir fluteten das Zimmer mit dem goldweißen Licht und baten explizit auch Nut um Unterstützung.

Als das Kind schlüpfte, legte Antan auf Anweisung der geistigen Welt mit Hilfe der diamantgoldenen Ebene einen Schutz über das Wesen.

Die ersten Wochen

Nada hatte uns während der Schwangerschaft schon mitgeteilt, daß die neun Monate für diese Seele zu kurz seien, sich seinem physischen Körper anzunähern. Sie bat uns daher, einen energetischen Brutkasten für die Zeit von sechs Monaten zu errichten. Dieses war ein Schutzfeld, den wir in unserem Schlafzimmer errichteten und in dem außer Antan, Rowena und mir niemand Zutritt haben sollte. Es hieß nicht, daß wir Jona nur in dieser Energiekonstruktion lassen mußten, aber er sollte immer wieder dorthin gelegt werden, um ihm diese Energieschwingung zur Verfügung zu stellen.

Wir wußten auch bereits, daß die Körperschwingung des Kindes sehr hoch ist, und Nada bat uns, Steine, Essenzen etc. aus seiner Umgebung zu entfernen. Jona hatte nicht den üblichen Schwingungsblockierungsmechanismus, den wir (größere Kinder) noch haben. Durch das Fehlen dieses Schutzfilters kann die Wirkung eines kleinen Steins für Jona einem Bergmassiv gleichen. Nada nannte diese Möglichkeit „die Assimilation der Hochpotenz". Das bedeutet für mich, daß Jona alle Impulse, also die Gesamtheit der Schwingung des Steines, auf einmal aufnimmt, was zu einer Überforderung in der Verarbeitung der Informationen führen kann. Diese Überforderung könnte sich dann durch eine allgemeine Unruhe, Schlaflosigkeit oder sonstige Disharmonien äußern.

Jona träumte bereits in den ersten Wochen sehr intensiv; das war klar zu beobachten. Ich denke, daß er in seinen Träumen unter anderem auch Erfahrungen aus früheren Inkarnationen aufarbeitete und erlöste.

ZUSAMMENLEBEN

Rowena hat, wie ihr Name schon ausdrückt, eine starke Anbindung an den rosafarbenen Strahl und an die Energie der Freiheit. Wenn irgendetwas, eine Bewegung, ein Wort, auch nur den Anflug einer persönlichen Einschränkung in sich trägt, protestiert sie, und zwar kräftig. Wenn etwas nicht sofort so funktioniert, wie sie es möchte, protestiert sie auch, denn sie kann über die Langsamkeit der Materie sehr ungehalten sein.

Obwohl Nada uns gebeten hatte, sie viel zu halten und zu tragen, weil sie über den Körperkontakt Erfahrungen aufnehmen und lernen könne, empfand Rowena dieses sehr oft als Einschränkung, es war ihr zu eng. "Kuscheln" als Genuß der dritten Dimension zu entdecken gelang ihr erst mit Hilfe von Jona, der von Anfang an eine sehr hingebungsvolle "Schmusekatze" war.

Die geistige Welt meinte immer wieder, daß die Schwingung von Rosenquarz und rosafarbenem Turmalin für Rowena sehr hilfreich sei, um sich hier in ihrem Körper wohlzufühlen.

In Zeiten, in denen sie unzufrieden ist, fluten wir sie in Anbindung an die Ebene von Haniel und/oder Lady Rowena über den Tempel der Freiheit mit rosafarbenem Licht. Das sollte ihr auch das Gefühl geben, geliebt und anerkannt zu sein, so, wie sie ist.

Rowena liebt Tiere und Pflanzen. Meiner Wahrnehmung nach hat sie einen guten Draht zu Delphinen. Diese sind ihr auch von der energetischen Struktur in ihrem freudvollen, spielerischen Fokus sehr ähnlich. Da die Delphine auch von Sirius kommen, denke ich, daß Rowena hier auch an ihr Zuhause erinnert wird.

Bei Jona hingegen hatte ich vor allen Dingen während der letzten Zeit der Schwangerschaft das Gefühl, einen Wal singen zu hören, der ihn ruft, hier auf die Erde zu schlüpfen.

Wir sprechen viel mit unseren Kindern, erklären ihnen Zusammenhänge, und sie sind auch regelmäßig während Channelsitzungen, Meditationen etc. anwesend. Wir nehmen sie auch auf unsere eigenen Ausbildungszyklen mit und wechseln uns dann einfach mit Lernen und Kinderbetreuung ab.

Wenn wir Rowena am Abend ins Bett bringen, machen wir eine kleine Zentrierungsübung mit ihr. Das wiederholen wir auch tagsüber, wenn sie Probleme hat, sich mit ihrem Bewußtsein im physischen Körper zu ankern. Anschließend laden wir die Engel ein, sie zu begleiten und am nächsten Tag fröhlich ins Hier und Jetzt zurückbringen.

Wir füllen sie immer wieder mit Farben energetisch auf und achten darauf, daß ihre Verbindung zu Sirius offen und klar ist. Falls das nicht der Fall ist, klären wir die Disharmonien über ein Clearing heraus. Wir arbeiten hier über unsere (Hell)Sicht.

Ich möchte Ihnen noch ein wenig über das Wechselspiel der Energien erzählen:

Eines Tages begann Rowena zu hinken. Zur gleichen Zeit hatte ich Schmerzen in meinem rechten Hüftgelenk, das manchmal eine kleine "Schwachstelle" in meinen System ist. Aus der geistigen Welt erfuhren wir, daß Rowena aufgrund der chakrischen Verbindung mit mir meine Disharmonie aufgefangen hatte und über ihr System lenkte. Wir sprachen mit ihrem Hohen Selbst und erklärten ihr, daß es nicht nötig sei, zu hinken, sondern daß diese Hüftthematik ausschließlich etwas mit mir zu tun habe und ich sie alleine lösen könne. Nach diesem Gespräch hörte Rowena augenblicklich auf zu hinken und lief wieder ganz normal herum.

Rowena hat seit längerer Zeit eine Reihe von Hautirritationen, die wir trotz aller möglichen Heilungsarbeiten nicht auflösen konnten. Dann erfuhren wir über die geistige Welt, daß Rowena die Energiestruktur von Hautdisharmonien sehr interessant und ansprechend findet. Sie sammelt zu diesem Thema sozusagen wie ein Schwamm alles aus ihrer Umgebung auf, was sie dazu entdeckt. Sie wertet hier nicht in Krankheit und Gesundheit, für sie ist es lediglich eine energetische Erfahrung, die sie nicht kennt, die sie fasziniert und die sie erforschen möchte. Wir wurden gebeten, ihr eine energetische Alternative zu bieten, so daß sie kein Interesse mehr für die Hautdisharmonien zeigt, sondern sich auf eine andere Schwingung fokussiert.

Ein Beispiel für Rowenas Freiheitsliebe zeigte sie mit knapp einem halben Jahr, als wir mit einer essenitischen Technik einen dauerhaften Schutz um sie legen wollten. Sie "sprang" aus der schützenden Konstruktion, denn dieses veränderte ihre Wahrnehmung, und das wollte sie nicht. Mittlerweile hat sie diese Umhüllung akzeptiert.

Während einer Einzelsitzung in unserem Zentrum, in der Hilarion über die Angst vor der eigenen Kraft sprach, öffnete sich die Tür zu dem Raum, in dem wir saßen, und schloß sich wieder. Nach der Sitzung erkundeten wir, wer das wohl gewesen war, und entdeckten, daß Rowena, die sich zu diesem Zeitpunkt mit Jona und Antan einen Stock höher befand, die Tür kraft ihrer Energielenkung geöffnet und geschlossen hatte. Wie sich weiter herausstellte, konnte sie so die

Klientin auf ein sehr altes, tiefliegendes Muster aufmerksam machen: Sie hatte Angst, wenn sie ihre Kraft lebte, für verrückt erklärt zu werden!

Lange Zeit war ich allergisch auf Katzen. Diese Allergie hatte ich durch Rückführungen, Clearings etc. bearbeitet. Sie wurde zwar Schritt für Schritt besser, aber ich konnte das Thema nicht vollständig erlösen. Rowena liebt Katzen, und von Nada erfuhren wir, daß sie durch ihre Zuneigung meine und auch die Katzenallergie von anderen Menschen aus unserer Umgebung heilte. Sie arbeite hier über das Prinzip „Gleiches mit Gleichem zu heilen", und zwar auf eine sehr freudvolle Art und Weise, da sie, wie gesagt, das Zusammensein mit Katzen sehr genießt. So haben wir uns entschlossen, unsere Familie um zwei Katzenkinder zu vergrößern. Und wir freuen uns jetzt alle sehr darauf.

Antan, Rowena, Jona und ich saßen beim Mittagessen und die zwei Kinder waren so "aufgezwickt", daß ich zu ihnen sagte, sie sollen sich doch bitte ein bißchen zentrieren. Antan sah mich an und meinte: "Bist du denn zentriert?" Ich spürte in mich hinein und fand meine Gedanken quer durchs Universum verstreut. Ich sammelte sie ein, und die Kinder wurden automatisch ruhiger.

Jona spielt viel "leiser" mit den Energien. Er hat einen vollkommen anderen Ausdruck, da er eine sehr starke Anbindung an die dunkelblaue Friedensenergie der Christuspräsenz besitzt. Diese fließt über ihn auch in andere Menschen. Er schließt die Menschen, die in seine Nähe kommen, sozusagen auf. Er lächelt sie an, und die Herzen fliegen ihm zu.

Die Christusenergie hat für mich folgende Aspekte: Sie drückt sich über die Farbschwingung von Rot als Liebe der Materie, als Liebe der Mutter, kraftvoll, nährend aus. Sie steigt aus Gaia auf und verbindet sich mit dem dunkelblauen Friedensaspekt des Christus. Der dunkelblaue Ausdruck der Liebe des Christusbewußtseins ist das Licht, das aus dem Himmel fließt und sich mit dem Rot verbindet. In dieser Verschmelzung entsteht Magenta, die Kraft der Heilung, die Kraft der göttlichen Liebe. Die Einheit zwischen Himmel und Erde erstrahlt als Christus im tätigen Tun in der Liebe zur Materie und zum Kosmos. Jeder Mensch ist Christus im bewußten Sein.

DER AUFTRAG

Als ich von Trixa eingechannelt wurde, kam von Erzengel Gabriel die Botschaft, daß ich über seinen Fokus viel mit Frauen arbeiten und ihnen nicht nur ihre Schwangerschaften verkünden werde, sondern eine "Heimstatt" für die Kinder der Neuen Zeit, ihre Mütter und ihre Väter, schaffen soll.

Einige Zeit später forderte uns Nada nochmals auf, in unserem Zentrum Elterngruppen zu gründen und gemeinsam mit den Kindern Lichtarbeit zu verankern, denn die Kinder der Neuen Zeit sehnen sich nach der spirituellen Erweiterung, sehnen sich nach der Lenkung ihrer Kräfte und brauchen einen Rahmen dazu. Sie erklärte uns, daß dieses von den Eltern oft falsch interpretiert, mißverstanden würde. Sie überschütten ihre Kinder mit Vorwürfen und meinen, sie hätten eine zu lebhafte Phantasie. Sie bat uns, einen Raum zu schaffen, in dem Eltern und Kinder gemeinsam wachsen können. Das ist auch deshalb wichtig, weil das Bewußtsein der Kinder der Neuen Zeit oft "höher" ist als das Bewußtsein der Eltern. Wenn das "höher" schwingende Bewußtsein, sprich die Kinder, versucht, das Bewußtsein der Eltern auf ihre Schwingungsebene zu heben, kann dieses aufgrund der noch vorhandenen Leidensprogramme schmerzhafte Erfahrungen in den Systemen der Eltern hervorrufen. Wenn sich aber das "höherschwingende" Bewußtsein dem "niedrigerem" Bewußtsein anpaßt, dann bedeutet dieses für das "hohe" Bewußtsein Leid. Lichtarbeit kann diese beiden Bewußtseinebenen in liebevoller Art und Weise verbinden.

KINDER DER NEUEN ZEIT

Wenn Wesenheiten (Menschen, Tiere, Pflanzen) in leidvollen Manifestationen sind, brauchen sie nicht unser Mitleid, sondern unser Mitgefühl. Wir sind aufgerufen, in uns unser Denken, unsere Erwartungen, Vorstellungen, Bewertungen zu verändern, aber auch dem Gegenüber Angebote für die Entwicklung der Situation zu bringen. Zum Beispiel über ein Gespräch, über Energiearbeit, aber auch über materielle Hilfestellungen wie Nahrung, Unterkunft etc.

Dennoch geht es darum, achtsam zu sein, das Leid nicht zu verstärken durch Sätze/Gedanken wie: Mein Gott, ist dieses oder jenes aber schlimm. Durch diese Wertung lenken wir die Energie auf das "Schlimme" und nähren dieses.

Deshalb nimmt die geistige Welt manchmal ein Bild, in dem wir erkennen können, wie schnell wir in Wertung kommen. Dieses ist gut - dieses ist nicht gut. ==Liebe entsteht, wo Bewertung aufhört.== Nachdem wir die geistige Welt auch gebeten haben, uns auf dem Weg der Liebe zu unterstützen, erinnert sie uns an diesen Weg und erinnert uns daran, wo wir noch Vorurteile loslassen dürfen.

Also, laßt uns achtsam sein mit Gedanken, Worten und Gefühlen! Daraus wächst der Christus im tätigen Tun. Liebe unterscheidet nicht zwischen Hell und Dunkel, zwischen guten und bösen Menschen. Liebe ist.

CHANNELING MIT GABRIEL IN VERBINDUNG MIT METATRON

Dies ist GABRIEL in Verbindung mit METATRON.
Es ist von Wichtigkeit, daß ihr erkennt, daß ich Raum genommen habe, den Müttern ihre Botschaft über ihre Sternensaat zu bringen, die sie unter ihrem Herzen tragen. So, wie ich bereits einst diese Botschaft verkündet habe. Doch es ist wichtig, daß es nun viele Mütter sind und nicht nur Mütter betrifft, sondern einfach Wesenheiten, denen das Wohl der Kinder am Herzen liegt.
Es geht hier darum, daß wir ein wenig Klarheit auch bringen in den Prozeß, den ihr „Zyklus von Inkarnationen" nennt. Es geht darum, daß ihr erkennt, daß eine Seele, bevor sie inkarniert, mehrere Optionen zur Auswahl hat. Sie wählt diese auf Grund der genetischen Codes aus, die ihr in Form von Schwingung - und zwar in Form von Farbe und Klang - sozusagen am stimmigsten erscheinen. Denn hier kann sie ablesen, was diese Verbindung zwischen einer, wenn ihr so wollt, männlich und einer weiblich schwingenden Ernergiewolke für ein Potential ergeben würde, und ob diese die „optimale Kombination" ist, um das zu leben, um das umzusetzen, was sich eine Seele vorgenommen hat. Gut, dieses geschieht.

Weiterhin geht es darum, daß diese Seele ihr eigenes Klangmuster hat, entstanden auch durch alte Inkarnationen und Erfahrungen, die sie bereits gesammelt hat.

Dann müßt ihr noch wissen, daß es so etwas wie eine Seelenkonferenz gibt, wo ganz klare Absprachen getroffen werden. Deshalb geschieht die energetische „Empfängnis", wenn ihr es so nennen möchtet, lange vor einer grobstofflichen Empfängnis, und deshalb ist es auch für Sichtige möglich, die Seele in der Aura einer Frau zu sehen, was bedeutet, daß zu diesem Moment eine Schwangerschaft sehr wahrscheinlich ist.

Wichtig ist auch, daß ihr erkennt, daß mehrere Seelen sich auch die selben Eltern aussuchen können, was nicht bedeutet, daß alle Kinder durch diese Eltern inkarnieren werden. Ich möchte, daß ihr hier von dieser Absolutheit weggeht, möchte in einem gewissen Sinne sagen, des Familiensystemes. Denn es gibt auch die Möglichkeit, daß mehrere Seelen gleichzeitig in einer Aura sind, wenn die Energie der Mutter zum Beispiel klar signalisiert hat, ich möchte jetzt ein Kind empfangen. Dann muß es aber nicht bedeuten, daß sie, wenn sie jetzt zum Beispiel fünf Seelen in ihrer Aura hat, Fünflinge bekommt. Es muß auch nicht bedeuten, daß diese fünf Kinder durch sie inkarnieren.

Es muß nicht einmal bedeuten, daß alle fünf Seelen jemals eine physische Inkarnation wirklich in Betracht ziehen.

Während dieser Seelenabsprache findet auch so etwas wie eine Annäherung statt, wo auch noch einmal durch dieses Sein in der Aura abgestimmt wird, ob dieses auch wirklich der richtige Zeitpunkt ist. Und bitte versteht, es geht auch darum, daß es viele verschiedene Möglichkeiten gibt. Das heißt, eine Mutter oder auch Eltern sagen noch einmal klar: "Nein, lieber doch zu einem späteren Zeitpunkt", oder die Seele sagt: "Nein, lieber doch zu einem späteren Zeitpunkt." Also nur, weil jetzt zum Beispiel eine Seele in der Aura hängt, heißt dieses noch nicht, daß es wirklich jetzt zu dieser grobstofflichen Empfängnis kommt. Wichtig ist auch, daß ihr alle, die ihr hier inkarniert seid, letztendlich diesen Weg auf diese Art gewählt und immer in der absoluten Freiheit eurer Seelenebene gehandelt habt.

Als nächstes muß dann eine physische Empfängnis stattfinden, wobei es hier immer um die Absprache aller Beteiligten geht. Das heißt, es geht hier auch darum, daß es vollkommen im göttlichen Plan sein kann, wenn ein Kind sich wieder verabschiedet, sei es durch einen einfachen Abgang oder durch einen äußeren Eingriff. Es geht also ganz klar darum, daß ihr hier aus der Bewertung geht, daß ihr wirklich erkennt, es sind Energiemuster, die miteinander spielen. Es ist ein Ineinanderfließen von Energien, und dieses Ineinanderfließen von Energien erschafft eine Form. Und diese Form kann sein, daß ein Kind neun Monate in einem Bauch verbringt, um einen Körper auszuformen.

Da es hier eine ganz klare Absprache über die genetischen Kodes gibt, die Bausteine, die die Seele aufgrund der Kombinationsmöglichkeiten zwischen ihren physischen Eltern hat, entscheidet ganz klar die Seele, wie sie diese zusammengefügt haben möchte. Das heißt, sie entscheidet dann letztlich auch, ob ihr Körper gesund ist oder ob es hier Deformierungen, Behinderungen gibt. Auch dieses ist letztendlich wieder ein Spiel von Energien. Mehr nicht. Auch hier bitte ich euch, daß ihr aus der Bewertung geht.

Wichtig ist auch die Erkenntnis, daß es aufgrund der Möglichkeit, verschiedene Optionen zu haben, sich in diese physische Form zu ergießen, im Zusammenleben um mehr Leichtigkeit geht. Denn hier müßt ihr erkennen, daß sich die Rollen sehr oft vermischt haben. Das heißt: da ihr eingebunden seid in diesen Inkarnationszyklus, geschieht es sehr oft, daß Seelen in ähnlichen Familienverbänden wieder inkarnieren. Also: Wer jetzt zum Beispiel deine Tochter ist, war vielleicht früher deine Frau. Das, was jetzt dein Sohn ist, war vielleicht damals dein Vater. Das was jetzt dein Freund ist, war vielleicht damals deine Schwiegermutter. Also, es geht hier darum, zu erkennen, daß es auch hier wieder nur ein Spiel ist, das Seelen kreieren, um Erfahrungen zu sammeln. Nehmt hier einfach auch die Schwere heraus, die ihr manchmal mittragt auf Grund eures Familienkarmas, wie ich es nennen möchte, aufgrund eurer Familienstrukturen und Familienthemen.

Bitte, ihr habt immer die Freiheit, anders zu wählen. Erkennt diese Freiheit. Und den Begriff Karma verwende ich einfach hier deshalb nur noch, um es verständlich zu machen, denn vielen ist dieser Begriff vertraut. Auch wenn ich hier ganz klar mich an die Energien, an die Ebenen der Weißen Bruderschaft, anschließe, die jetzt immer mehr verkünden, daß Karma nicht existiert. Karma existiert nur für den, der daran glaubt. Und wichtig ist, daß ihr, die ihr jetzt schon „große Kinder" seid, - ja, und ich übernehme diesen Begriff der großen Kinder von meiner geliebten Freundin Nada, die dieses Bild letztlich verwendete – seht, daß es keine Wertung gibt zwischen kleinen Menschenkindern und großen Menschenkindern. Alle seid ihr Kinder des "Einen".

Gut, diese großen Menschenkinder, die ihr seid,

sind sehr oft noch eingebunden in das Rad des Karmas, weil sie es so gewohnt sind. Weil sie es so oft gespielt haben, dieses Spiel. Und deshalb fällt es ihnen auch so schwer, dieses zuzulassen. Und es anzunehmen. Und es letztendlich abzulösen.

Wichtig ist, daß dieses sozusagen im Seelenplan ihrer Evolution liegt. Das heißt, diese Seelen haben sich bewußt zu diesem Zeitpunkt inkarniert, wo Karma noch ein Thema war, weil sie hier noch ihre Erfahrungen sammeln wollten, um diverse Energien für sich selbst auszugleichen.

Bitte erkennt, daß die Kinder der Neuen Zeit dies nicht mehr tun. Die Seelen haben sich andere Aufgaben gewählt.

Die Seelen dieser Kinder der Neuen Zeit haben gewählt, zu inkarnieren, um hier über diesen Erdenstern ein Energiepotential zu bilden, das die Verankerung der fünften Dimension ganz klar erleichtert und unterstützt. Und das auch zum Beispiel im Familiengefüge die Möglichkeit einer schnellen Transformation von persönlichen Glaubenssätzen, von persönlichen Prozessen mit sich bringt - letztendlich zum Wohle aller Beteiligten.

Die Kinder der Neuen Zeit haben ein komplett anderes Kollektivbewußtsein als ihr. Ihr plagt euch, möchte ich sagen, oft mit eurem Ego herum. Mit der Läuterung eures Egos. Mit der Transformation eures Egos. Das sind wunderbare Spiele aus unserer Sicht. Sehr farbenfroh, können wir hier nur sagen. Doch diese Kinder, die jetzt hier sind, sind aus einem kollektiven Entschluß hier, so, wie eure Seelen sich damals kollektiv entschlossen, das Spiel von Karma zu kreieren. Und das geht nicht nur, wenn eine Seele das möchte. Sondern hierzu braucht es viele Seelen, die mitspielen.

So ist das jetzt praktisch eine Entscheidung dieser Kinder der Neuen Zeit, dieses nicht mehr mitzubringen, sondern die Verankerung anderer Energien, mitzubringen, damit die fünfte Dimension leichter Raum nehmen kann.

Gut, ganz wichtig ist, daß ihr folgendes wißt: alles, was jetzt hier inkarniert, sind Kinder der Neuen Zeit.

Im Zusammenleben mit den Kindern der Neuen Zeit müßt ihr euch, ihr großen Kinder, eurer Mitschöpferkraft bewußt sein. Müßt ihr euch auch eurer Unbegrenztheit bewußt werden. Und müßt ihr auch das Potential, das ihr seid und das ihr in euch tragt, erkennen und umsetzen. Nur dann könnt ihr auch das Geschenk eurer Kinder erkennen.

Wie wollt ihr den anderen erkennen, wenn ihr euch nicht erkennt? Wenn er doch das Ebenbild ist von euch, in einem gewissen Sinne? Denn jeder ist Ebenbild Gottes. Jedes große Menschenkind ist göttlicher Ausdruck, und jedes kleine Menschenkind ist ein Ebenbild des großen Ganzen. Deshalb ist es sehr wichtig, daß ihr hier wahrlich mit euch selbst beginnt zu arbeiten und eure Systeme kennenlernt. Und je nach Bedarf hier und dort eure Programme und eure Muster der Dichte erlöst. Dieses ist ein ganz wichtiger Punkt im Umgang mit diesen Kindern.

Diese Kinder der Neuen Zeit sind nur dann fähig, ihre feinstofflichen Wahrnehmungen auszubauen und umzusetzen, wenn sie auch den Rahmen dafür haben. Sie werden zwar ihre Sichtigkeit in diesem Sinne nicht mehr verlieren, so wie ihr es getan habt. Ihr mußtet dies tun, denn das stand in dem Spiel, das ihr Karma nanntet. Die Kinder der Neuen Zeit werden dieses nicht tun. Aber es ist etwa wie ein Land, das brach liegt, möchte ich sagen, wenn ihr ihnen nicht auch durch euer Bewußtsein die Möglichkeit gebt, dieses zu schulen. Das ist wie ein Radio, das nicht eingestellt wird, weshalb die Übertragung sehr schlecht ist. Und deshalb müßt ihr hier auch wieder in Zusammenarbeit mit euch selbst und euren Kindern den Rahmen für Spiritualität geben.

Wichtig ist auch, daß ihr erkennt, daß es weise Seelen sind, die hier nun inkarnieren. Mit sehr viel Wissen und sehr viel Erfahrung. Daß ihr nicht die Großen seid, die die Kleinen lehren. Daß es auch die Kleinen sind, die die Großen lehren. Dadurch entsteht von vornherein ein viel partnerschaftlicheres Umgehen miteinander.

Und es gibt auch sehr viele Kinder der Neuen Zeit, die bis jetzt als solche unerkannt waren. Die aber jetzt, wenn diese Informationen hinausgehen, die Möglichkeit haben, sich zu zeigen.

Wichtig ist auch, daß ihr wißt, daß diese Bewußtseine der Kinder der Neuen Zeit oft anders sind als eure Bewußtseine, die ihr verstrickt seid in euren Egospielchen, in euren Spielen des Karmas, in euren Spielen des Leidens. Und deshalb ist es wichtig, daß ihr dieses transformiert, daß ihr dieses erkennt, damit ihr hier für euch, aber auch für eure Kinder, den nötigen Umgang ermöglicht.

Denn diese Kinder brauchen eine klare Linie. Diese Kinder brauchen mehr Freiheit als die Freiheit, die man euch gab, als ihr aufgewachsen seid.

Das heißt aber nicht, daß sie immer tun und lassen können, was sie wollen. Sie brauchen genauso ihre Grenzen. Aber, um diese im richtigen Maße stecken zu können, müßt ihr euch eurer selbst bewußt sein.

Es geht darum, daß ihr aus der Wertung geht. Auch aus der Wertung zwischen Klein und Groß. Aus der Wertung, daß die Kleinen keine Ahnung haben. Daß die Kleinen ständig beschützt werden müssen. Daß die Kleinen erst wachsen müssen, damit sie gewisse Dinge tun können usw.

Das sind Muster. Das sind Programmierungen der Dichte. Und die dürft ihr erlösen, damit ihr wirklich zu einem harmonischeren Umgang, zu einem harmonischeren Zusammenleben mit euren Kindern kommen könnt.

Eure Kinder sind strahlende Funken des Lichtes, sind Liebesfunken des Universums.

Und da ihr selbst Kinder seid, in einem gewissen Sinne, seid auch ihr dieses. Also, begegnet euch auch in dieser Energie. Begegnet euch in der Energie des Lichtfunkens, der Lichtfunken, begegnet Lichtfunken-Energie. Das ermöglicht ein wunderbares Zusammensein.

Wichtig ist weiterhin, daß ihr erkennt, daß ihr durch eure Gedanken, daß ihr durch eure Emotionen das prägt, was ihr das „morphogenetische Feld" nennt. Das heißt, all die Überzeugungen, all die Sätze wie "Das ist so, weil es schon immer so war", "Das ist so üblich" – das alles sind Prägungen des morphogenetischen Feldes. Das sind Illusionen, möchte ich sagen. Das ist einfach ein Schwingungsteppich, den ihr selbst erzeugt habt, kraft eurer Mitschöpferkraft. Und jetzt geht es darum, daß ihr eure Mitschöpferkraft bewußt einsetzt, bewußt lenkt, um diesen Teppich des morphogenetischen Feldes neu zu kodieren. Nämlich angepaßt an eine Schwingung der fünften Dimension. Das ist wichtig für euch und eure Kinder. Ihr seht, wir können es nicht trennen. Was für euch wichtig ist, ist auch für eure Kinder wichtig und umgekehrt. Denn ihr seid eine Einheit.

Das bedeutet, das, was ihr Krankheiten nennt, ist ein Konstrukt des morphogenetischen Feldes. Das, was ihr Trotzalter nennt, ist ein Konstrukt des morphogenetischen Feldes. Das, was ihr Pubertät nennt, ist ein Konstrukt eures morphogenetischen Feldes. Daß eine Geburt weh tun muß, physische Schmerzen bereiten muß, ist ein Konstrukt eures morphogenetischen Feldes. Genauso wie der Zahnarztbesuch schmerzt. Genauso, wie viele andere Sachen nur Konstrukte eures morphogenetischen Feldes sind. Wunderbar. Ihr seid Teil dieses morphogenetischen Feldes. Und dieses Feld könnt ihr wieder verändern. So, wie ihr es aufgebaut habe, könnt ihr es verändern, indem ihr bewußt euch, eure Wahrnehmung, eure Einstellung, euren Energiefluß verändert. Und ihr werdet sehen, wenn ihr aufhört, an Krankheiten zu glauben, werden sie sich auflösen. Wenn ihr aufhört zu glauben, daß eine Geburt in die dritte Dimension schmerzhaft ist, wird sie aufhören, weh zu tun.

Wichtig ist, daß ihr hier erkennt, was ihr für eine Kraft habt. Was ihr mit euren Energien erschafft. Und daß ihr es seid, die euer Umfeld kreieren. Daß ihr es seid, die eure Energien lenken und dadurch Manifestationen ins Leben rufen.

Wichtig ist, daß ihr hier immer wieder darauf achtet, was sendet ihr aus. Auch, was sendet ihr aus im Zusammenhang mit euren Kindern. Wie denkt ihr über sie? Wie seht ihr sie? Wenn ihr sie als klein und hilflos betrachtet, werden sie es sein, in einem gewissen Sinne. Obwohl es aus unserer Sicht und auch energetisch nicht stimmt.

Denn es sind Seelen, die sich inkarnieren, und Seelen sind niemals klein. Es ist nur der physische Ausdruck, der etwas kleiner ist und noch etwas Zeit zum Wachsen braucht. Aber die Seele ist allwissend. Und deshalb ist auch dieses kleine Kind ein Ausdruck der allwissenden göttlichen Quelle.

Gut. Erkennt, daß ihr diesem Kind Unterstützung geben müßt, auch indem ihr ihm etwas vorlebt. Denn diese Kinder lernen durch das, was man ihnen vorlebt - deshalb, weil ihr Mentalfeld noch nicht so ausgeprägt ist. Das heißt, sie nutzen ihr Mentalfeld noch nicht, sondern sie nutzen hauptsächlich ihren Emotionalkörper, wenn sie hier frisch hereinpurzeln, was bedeutet, daß sie über solche Eindrücke, das heißt über das, was sie sehen, was sie erfahren und durch Nachahmung wachsen.

Hier geht es also darum, daß die Eltern oder auch andere Bezugspersonen darauf achten, daß das, was sie aussenden, energetisch mit dem übereinstimmt, was sie leben. Denn diese Kinder werden auch das übernehmen, was die Eltern ausstrahlen. Deshalb gibt es dann diese wunderbaren Situationen, von denen ich euch jetzt ein Beispiel gebe:

"Die Mutter hat eine große Wut auf, sagen wir, ihre eigene Mutter. Das hat sie niemals angeschaut, das hat sie niemals bearbeitet. Sie nimmt diese Wut nicht einmal wahr. Nun hat sie selbst ein Kind, das diese Wut energetisch ganz klar mitbekommt. Von Anfang an. Und dieses Kind übernimmt nun diese Wut. Dieses Kind wird zu einem schwer erziehbaren, auffälligen Kind. Weil es die Energie der Mutter sozusagen sieht und auch aus dem System der Mutter zieht, um sie auszugleichen. Denn es geht hier immer um Ausgleich.

Das heißt, das große Kind, in diesem Fall die Mutter, nährt, in unserem Beispiel, ihr Kind, ihre Tochter, ihren Sohn, um es physisch zu unterstützen. Das Kind gibt etwas als Gegenleistung, auf energetische Art und Weise. Dann beschließt die Seele des Kindes, der Mutter im Ausgleich des Systemes, in diesem Fall bei dem Thema Wut, behilflich zu sein. Und um diese Wut auszuleben, um diese Energie der Wut zu leben, zu lenken, wird es eben zu diesem aufmüpfigen, absolut nicht behandelbaren Kind.

Es ist dann schwierig, in dieser Konstellation zu erkennen, daß die Mutter lernen muß, mit ihrer Wut umzugehen. Und hier kann man wunderbar von Seelenebene zu Seelenebene kommunizieren, falls das Kind noch zu klein ist, um in Worten zu sagen: "Ich danke dir für deinen Dienst. Ich weiß jetzt, es ist meine Wut, die ich habe. Und ich werde mir etwas suchen, wodurch ich meine Wut aus meinem System transformieren kann. Und du mußt dieses nicht mehr für mich tun.". Hier reicht die non-verbale Kommunikation von Seele zu Seele völlig aus. Und die Mutter wird feststellen, daß sich allein durch dieses „Gespräch" die Energie in diesem Familiensystem vollkommen verändert. Und dieses Kind, das bisher absolut schwierig war, wird umgänglich und angenehm. Ich gebe dieses Beispiel, damit ihr erkennt, wie die Energien in einem System fließen.

Wenn die Mutter zum Beispiel etwas sieht, so sind es die energetischen Augen des Kindes, die dieses ebenfalls sehen. Wichtig ist, daß die Verbindung zur Mutter über das Feld der Aura meistens größer ist als die Verbindung zum Vater, denn schon allein durch das Austragen im Mutterleib ist diese Verbindung der aurischen Verschmelzung gestärkt, die erst später, in den ersten paar Lebensjahren, getrennt wird. Wenn aber der Vater eine energetische Verbindung mit der Mutter hat, ist er ganz klar auch in diese energetische Schwangerschaft eingebunden. Ist er ganz klar eingebunden in dieses energetische Zusammensein, in diesen energetischen Austausch, auch nach der Geburt. Das heißt, auch ein Kind kann für ihn gewisse Dinge übernehmen oder ausleben.

Die Kinder der Neuen Zeit haben es sich ganz besonders zur Aufgabe gemacht, solche Dinge in Familiensystemen zu bearbeiten. Weil sie dadurch in einem Familiensystem die Schwingung erhöhen. Und dieses ist letztendlich nötig, denn es geht ja um eine Schwingungserhöhung, wenn ihr so wollt, um die Verankerung dessen, was ihr die fünfte Dimension nennt.

==Wichtig ist zu wissen, daß diese Kinder aufgrund ihrer Freiheit, die sie mitbringen, sich in einem irdischen Körper schwer tun.==

Und hier sage ich nicht, daß ich einen irdischen Körper nicht liebevoll, nicht weit finde. Aber das ist einfach ein Anpassen an eine Form. So etwa wie, wenn ihr Auto fahrt. Wenn ihr das erste Mal Auto fahrt, müßt ihr euch daran gewöhnen, daß ihr nicht mehr zu Fuß geht, sondern nun ein anderes Gefährt habt, müßt euch irgendwie mit ihm arrangieren, daß es rückwärts fährt, wenn ihr rückwärts fahren wollt, und vorwärts, wenn ihr vorwärts fahren wollt. Genauso ist es für diese Seelen, die in diese irdischen Körper, in diese noch dreidimensionalen Körper einfließen, denn von ihrer Schwingung her haben sie keine dritte Dimension mehr. Denn sie wollen ja nicht die dritte Dimension durchlaufen und dann in die fünfte Dimension aufsteigen, so wie ihr, sondern sie durchdringen aus der fünften Dimension ein dreidimensionales Bewußtsein, sprich einen Körper. Und dadurch fällt es ihnen oft schwer, diese Übertragung harmonisch zu gestalten. Deshalb ist es so wichtig, daß sie eine energetische Unterstützung von ihren Eltern bekommen, durch sehr viel Annahme, durch sehr viel Körperkontakt, durch sehr viel Verständnis, durch sehr viel Freiheit, die man ihnen auch energetisch zur Verfügung stellen kann, zum Beispiel über den rosafarbenen Strahl der Freiheit, aber auch, indem man ihnen einen ganz klaren Rahmen gibt.

Wichtig ist auch zu wissen, daß Kommunikation bereits zu dem Zeitpunkt stattfindet, an dem sich eure Seelen treffen. Es geht hier darum, daß diese Kommunikation nie unterbrochen wird, wobei diese aber auch sehr oft durch Töne und Farbe geschieht. Oder in Gedanken, in eurem System, die ihr dann als die eigenen erlebt und empfindet. Was aber ganz klar ein Gedanke, ein Impuls, eine Inspiration des Wesens ist, das ihr empfangt. Das ist eine Form der Telepathie, und diese Kinder unterhalten sich auch telepathisch, zum Beispiel wenn zwei schwangere Frauen im Raum sind. Und es würde auch genügen, daß eine Schwangere im Raum ist und ein Mann, dessen Frau auch gerade ein Baby bekommt, sich miteinander unterhalten, so würden diese beiden Babys sich auch telepathisch miteinander unterhalten können. Einfach weil sie über das Schwingungsfeld der Mutter, und in dem anderen Fall, über das Schwingungsfeld des Vaters miteinander kommunizieren können.

Und natürlich, wie ich bereits sagte, ist es auch so, daß diese Wesen im eigenen Schwingungsfeld kommunizieren. Das heißt ganz klar: ihre Botschaften, ihre Impulse an die Eltern und an ihr Umfeld abgeben. Aber auch oft an Großeltern oder an andere Verwandte, die ihnen nahe stehen. Wenn die Eltern zum Beispiel keine Bereitschaft zeigen, ihr eigenes Bewußtsein zu öffnen, dann suchen sich diese Kinder einen anderen Weg, wie sie mit einem anderen Bewußtsein kommunizieren können, das ihnen dann auch, bewußt oder unbewußt, bei der Geburt in diese Dimension behilflich ist.

Ihr seid alle Kinder des Lichtes, die inkarniert sind, um Freude, um Liebe und angenehme Dinge dieses Lebens zu kreieren, zu leben, zu genießen. Deshalb auch hier wieder, je bewußter, je achtsamer eine Mutter, ein Vater oder die Menschen im Umfeld mit sich selbst umgeht bzw. umgehen, je klarer der Mensch mit seinen eigenen Körpern, mit seinen eigenen Chakren in Verbindung ist, um so klarer kann er auch die Stimme des Kindes vernehmen, das sich hier inkarnieren möchte.

Wenn das Kind sich bereits in der Schwangerschaft in den Bauch eingenistet hat, sieht und hört dieses Kind von Anfang an alles. Es hängt dann vom System der Mutter ab, wie diese Informationen verarbeitet werden. Ist die Mutter stark in der Wertung, wird dieses Kind sehr schnell über dieses Werten der Mutter einteilen in Dinge, die "gut" sind, und Dinge, die "böse" sind. Ist die Mutter ein bereits sehr gelichtetes System, das schon in sehr vielen Bereichen nicht mehr in der Wertung ist, so wird auch dieses Wesen, sagen wir zum Beispiel einen sehr turbulenten Film im Fernsehen oder im Kino mit brutalen Szenen sehen können, um dieses einfach bunt auszumalen, und es wird weniger von dieser Schwingung aufnehmen, als wenn die Mutter ein System ist, das immer denkt, das ist nicht gut und das ist schlimm.

Wichtig ist auch, daß ihr erkennt, daß ihr durch die Kommunikation mit eurem Kind durchaus solche Dinge ausgleichen könnt. Wenn ihr selbst Prozesse durchlauft, sei es zum Beispiel die Ablehnung einer anderen Wesenheit, dann sagt ganz klar der Seele eures Kindes, daß das euer Prozeß ist und sie damit nichts zu tun hat. Das versteht die Seele und kann sich hier aus energetischen Unruhen ausklinken, die in einem System erzeugt werden, wenn es einen gewissen Prozeß durchläuft. Das ist aber nur möglich, wenn man einen guten Zugang zu den eigenen Körpern hat und erkennt, daß man in einem Transformationsprozeß ist.

Jetzt würde ich dich bitten, Fragen zu stellen, damit ich konkret auf einzelne Punkte eingehen kann.

Wie ist es mit schwangeren Frauen, die spirituell noch nicht so geschult sind?

Ich möchte ihnen vor allem raten, auf ihre Intuition zu hören und über die Intuition und ihre Wahrnehmung den Kontakt zu der Seele zu suchen. Sie sollten darauf achten, sich selbst zu stärken, auch über die Energie des Rosenquarzes. Diese Energie ist sehr wichtig, da sie eine heilsame Schwingung besitzt und auch zum Stabilisieren ihres Hormonhaushaltess in der Zeit bis zur Geburt dient. Weiterhin können sie ihre Gebärmutter mit silber-, mit gold- oder perlmuttfarbener Schwingung ausfluten, denn diese Energien schwingen sehr hoch, was dem Kind die Anpassung an die dritte Dimension erleichtert. Diese Übung kann so oft wie möglich wiederholt werden, wobei sich die werdenden Mütter vorstellen sollten, wie die gesamte Gebärmutter zum Beispiel in Gold leuchtet und strahlt.

Was kann man tun, um die Geburt spirituell zu begleiten?

Ihr wißt, daß ihr bei einer Geburt niemals alleine seid, sondern immer feinstoffliche Wesenheiten, Engel und Meisterenergien, anwesend sind, die euch bei diesem Übergang begleiten. Hier spreche ich zu den großen als auch zu den kleinen Kindern. Und immer, wenn ihr den physischen Körper wieder verlaßt, sind die gleichen Energien, die gleichen Wesenheiten, anwesend, um euch auch hier wieder zu begleiten, in die anderen Dimensionen. Wichtig ist auch, daß ihr bei der Geburt weniger Wert darauf legt, wo sie stattfindet, sondern wie ihr damit umgeht. Das heißt: Erkennt die Macht eurer Mitschöpferkraft, denn letztendlich seid ihr es, die den Ablauf eurer Geburt kreiert. Ich bitte euch, den Raum, in dem die Geburt stattfinden soll, ganz mit Gold-/Silberkombinationen auszustrahlen, es sei denn, es gäbe im Einzelfall eine andere Aussage aus der geistigen Welt. Ihr könnt dieses genauso in einem Krankenhaus machen wie bei einer Hausgeburt. Und stellt alle Beteiligten in dieses Licht, so daß die Seelenebenen aller Beteiligten aktiviert werden, wodurch sich energetisch das gesamte Umfeld verändert und die Ankunft harmonischer gestaltet werden kann, auch wenn es im Äußeren vielleicht nicht so fließend und leicht geschehen sollte. Wenn das so ist, dann habt ihr euch dieses selbst kreiert, weil es entweder noch Themen sind, die aufgelöst werden müssen, oder weil ihr so verhaftet seid an das morphogenetische Feld, das euch diese Informationen zuspielt, und ihr noch bereit seid, diese Informationen in euer System hineinzulassen und über euer System zu leben. Bitte, dieses ist keine Wertung. Dieses ist eine Beschreibung, wie Energien fließen, damit ihr auch die Möglichkeit habt, hier wieder achtsamer zu sein und bewußter mit euch und eurem System umzugehen, um dieses zu verändern.

Hast du noch allgemeine Tips für das Kleinkind?

Hier ist es vor allen Dingen wichtig zu wissen, daß sie "geschützt" sind. Zum Beispiel wieder mit Gold, Gold ist einfach wunderbar für alles. Im Einzelfall solltet ihr hier aber schon abstimmen, welche Farbe das einzelne Kind braucht. Man kann es auspendeln, der Intuition vertrauen, oder sich Hilfe von außen holen, wenn man sich unsicher ist. Jedes Kind strahlt in einer eigenen Farbe, (so wie jeder von uns eine eigene Grundfarbe hat,) die den Stempel verschiedener Erfahrungen trägt, auch durch die Herkunft von anderen

Sternenebenen, wo es viele Inkarnationen oder Erfahrungen gesammelt hat. Das ist so etwas wie ein Gefühl der Heimat, das es nach hier mitbringt. Dieses sollte gestärkt werden, da fühlen sich die Kinder dann sehr geborgen. Das ist auch sehr gut geeignet, wenn ein Kind schläft. Blähungen zum Beispiel können damit sehr stark besänftigt werden.

Wichtig ist weiterhin, daß für diese Kinder eine Form des Rückzuges nötig ist, da sie offener sind als die Systeme, die ihr hattet, als ihr hereingepurzelt kamt. Sie brauchen einen Schutzfilter, damit sie nicht von diesen ersten Eindrücken überfordert sind, denn diese könnten sie so verwirren, daß es Zeit braucht, bis sie sie wieder in ihrem System ausgleichen können. Und das würde dann zu sehr aktiven, auffallenden, ja schwierigen Kindern führen. Deshalb ist es in dieser ersten Zeit, den ersten sechs Wochen, sehr, sehr wichtig, die Kinder immer wieder energetisch in Gold und in diese intuitiv erfaßte Farbe einzuhüllen, die sozusagen ihrer persönlichen Note entspricht. Um ihnen den Schutz zu geben, den sie brauchen, um sich mehr an ihren dreidimensionalen Körper zu binden. Denn wenn ein Körper schlüpft, ist die Seele noch nicht vollkommen integriert. Das ist ein Prozeß, der noch weiter dauert. Und um dieses Landen zu gestalten, ist es nötig, ihnen diesen Schutzraum zu geben.

Dann sollten sie einen Schlafplatz haben, der erholsam ist, einen sehr ruhigen Schlafplatz, wo sie sich wohl fühlen, sich geborgen fühlen. Achtsam sollte man mit zusätzlichen Hilfsmitteln (zum Beispiel Blütenessenzen, Edelsteinen) sein, denn diese Kinder brauchen diese zum einen nicht so sehr wie ihr sie braucht. Und zum anderen können sie oft die Information nicht verarbeiten, weil sie eben so viel mehr in ihre Aura aufnehmen, so wie es früher bei euch war. Ihr spürt dieses, und ich möchte euch bitten, daß ihr hier eurer Intuition traut und euch auch weiterhin in der telepathischen Kommunikation mit eurem Kind übt, da ihr dadurch die nötige Information bekommen könnt, wie ihr damit umgehen sollt.

Nach den ersten sechs Wochen ist es schon etwas stabiler. Aber hört nicht auf, das Kind mit Energien und Farben energetisch zu fluten. Da sind vor allem fünfdimensionale Farben sehr von großem Nutzen, die ihr dem System eures Kindes zur Verfügung stellt, es einhüllt in diese Farben, es auftankt mit diesen Farben und es so auch mit diesen Farben an ihre Herkunft rückbindet, daß ihr es anbindet an diesen Erdenstern, an diesen solaren Kern der Erde, damit der Durchfluß zwischen Himmel und Erde in diesen Systemen gestärkt wird.

Wie können wir diese Kinder spirituell durch die Schulzeit begleiten?

Je klarer ihr mit dem Kind sprechen könnt, umso gezielter könnt ihr gemeinsam mit eurem Kind entscheiden, welche Farbe hier gut tut. Dabei ist es egal, wer ihm diese Farbe zur Verfügung stellt, ob die Großmutter, die Lehrerin oder die Eltern.

Hier kannst du auch Farböle oder Steine verwenden, damit dieses Kind etwas aus der dritten Dimension hat, woran es sich orientieren kann.

Wichtig für diese Kinder ist, daß sie in einem Umfeld leben, wo sie gefördert werden, wo sie über ihre Spiritualität sprechen können – sie den Raum haben (im übertragenen Sinne), mit jemanden sprechen können, der sie motiviert, ihre Fähigkeiten wie etwa Sichtigkeit oder Hellhörigkeit auszuprobieren.

Dann ist es natürlich eine wunderbare Möglichkeit, - und das kann man ja mit kleineren Kindern schon tun - mit Schutzengelebenen zu arbeiten. Gerade wenn ein direkter Kontakt mit dem Kind nicht möglich ist, weil man zum Beispiel nicht so nahe mit ihm verwandt ist, kann man über die Ebene der Schutzengel arbeiten. Zum Beispiel ist es als Lehrerin wunderbar, über Lichtsäulen zu arbeiten. Man kann eine Lichtsäule der Harmonie in ein Wohnzimmer oder in ein Klassenzimmer setzen und diese Energie strahlen lassen – sie trifft jeden, der sich innerhalb dieser Lichtsäule aufhält.

Wie kann man den Kindern beibringen, ihre Kräfte sinnvoll zu lenken?

Das ist nur dann möglich, wenn du selbst deine Kraft lenken kannst. Also auch hier wieder: Wenn du dein System kennst, wenn du dir deiner Kraft und deines Mitschöpferpotentials bewußt bist, kannst du dieses auch deinen Kindern vermitteln. Dann wirst du sie anders betrachten. Wenn du selbst letztendlich Angst hast vor deiner Kraft, wie willst du dann dein Kind motivieren, seine Kraft zu leben? Je mehr du in deine Kraft gehst, desto mehr kann auch dein Kind in seine Kraft gehen, ohne daß du irgend etwas anderes tust. Das läuft automatisch ab. Das ist genauso, wie du einen Teil von Gaia reinigst, wenn du dein eigenes System reinigst. Auch hier wieder ist diese Wechselwirkung ganz klar ersichtlich. Wenn du dir hier selbst bewußt bist, wenn du einmal in den Spiegel geschaut und dich erkannt hast, dann siehst du dein Kind mit anderen Augen und wirst ihm anders begegnen. Du wirst ihm andere Fragen stellen, du wirst andere Dinge mit ihm tun. Du wirst ihm auch anderes Spielzeug geben und andere Menschen mit ihm besuchen. Du wirst in der Natur sein, und andere Ebenen in der Natur mit ihm entdecken als deine physischen Augen sehen. Das alles sind Möglichkeiten für dein Kind, sich zu entwickeln und zu lernen, diese Energien, diese eigene Kraft, richtig zu lenken. Es lernt dieses im alltäglichen Sein - im Idealfall.

Allerdings ist das in vielen Familien noch nicht der Fall. Wenn du als Lehrerin zum Beispiel mit einem Kind konfrontiert bist, das in irgendeiner Form auffällig ist, sei es extrem zurückgezogen oder extrem aggressiv, dann ist es wichtig, daß du hier auf der Seelenebene mit diesem Kind Konferenz hältst. Daß du fragst, was es jetzt am allermeisten braucht, damit es aus dieser Energie herauskann. Dann gilt es zu schauen, woran liegt es. Geht es darum, ihm von außen eine Energie zur Verfügung zu stellen, geht es darum, daß es im Familiensystem etwas zu klären gibt? Hier mußt du dann immer im Einzelfall entscheiden, und kannst dem Kind dann den Rahmen geben, indem es dieses Muster, dieses Rollenverhalten, das es sich zugelegt hat, jetzt endlich ablegen kann, um dann wieder zu dem zu werden, was es eigentlich ist - zu seiner Kraft zu kommen in einer Form, in der es sie leben kann, aber ohne jemand anderem zu schaden.

Das ist ein Übungsfeld, und hier gibt es auch kein Patentrezept, das für alle möglich, annehmbar und umsetzbar ist. Hier mußt du im Einzelfall unterscheiden. Was wieder bedeutet, daß du selbst dich mit deinem System auskennen mußt, damit du wirklich freien Zugang zu deiner Intuition hast und dich dann von ihr lenken und leiten läßt.

Zum Abschluß möchte ich euch segnen. Ich möchte euch ermutigen. Ich möchte euch große Sternenkinder, ich möchte euch kleine Sternenkinder ermutigen, daß ihr euch freut über euer Dasein und ihr diese Freude einander schenkt. Denn euer Dasein ist ein Ausdruck der Freude, ist ein Ausdruck der Liebe. Denn die Freude ist ein Ausdruck der Liebe, die euch dazu bewogen hat, euch auf diese Reise der Entdeckung, auf diese Reise der Selbsterkenntnis und letztendlich auf diesen Planeten der Heilung zu machen. Deshalb freut euch. Freut euch über euer Hiersein, über euer Tun. Freut euch über das, was ihr noch entdecken werdet, und seid gewiß, daß ihr allezeit gelenkt, geleitet und behütet seid. Daß allezeit jemand mit euch ist, der euch unendlich liebt.

Dieses ist GABRIEL in Verbindung mit METATRON. Seid gesegnet aus den Ebenen der Engel. Seid gesegnet!

Anmerkung von AVA: Die Auflösung von Karma bedeutet, daß wir nicht dieses Spiel weiterführen möchten, sondern durch die Entsiegelung unserer DNS und die Aktivierung und Integration der Ich-Bin Präsenz in unseren physischen Körpern aus dem Rad der Wiedergeburt, wie wir es in unserem dreidimensionalen Denken verstehen, heraustreten werden. Das bedeutet nach meinem Verständnis auch die Verankerung der fünften Dimension.

Channeling mit Andonella/Andromeda

(vgl. Botschaft von Andromeda von Barbara Vödisch, Smaragd Verlag.)

Dieses ist ANDONELLA, und ich möchte euch eine Botschaft geben. Es geht um die Kinder der Neuen Zeit. Es ist von Wichtigkeit, daß ihr auch versteht, daß es um den Spaß geht, den diese Kinder auf diesem Erdenstern haben. Und dabei solltet ihr euch auch daran erinnern, daß eure Motivation, hier auf diese Erde zu kommen, auch die des Spaßes, der Leichtigkeit und der Freude war. In Freude und Leichtigkeit habt ihr euch auf dem Bewußtsein eurer Seelenebenen getroffen, habt eure Verträge geschlossen, eure Spielregeln bestimmt, habt euch ausgetauscht, wie, wann, wo, wer inkarniert und in welcher Form. Es war ein großes Fest der Freude, als ihr dieses für euch beschlossen habt, um euch hier der dritten Dimension anzunähern.

Die Kinder der Neuen Zeit haben dieses auch in diesem Bewußtsein der Freude getan, um hier die neue Energie zu verankern, die Energie des Goldenen Morgens, und es ist die Kraft der Freude, die euch auch im Zusammenleben verbindet. Diese Kraft der Freude ist gekoppelt an eine Energie der Leichtigkeit und des Humors, die euch in der Ernsthaftigkeit der Erziehung sehr großen Dienst erweisen kann. Dadurch wird sehr viel Energie, die sonst in Form einer Konfrontation, eines Dramas - um eure Sprache zu benützen - hier einen Ausdruck findet, in eine andere Form, nämlich in die des Lachens und der Leichtigkeit, verwandelt.

Ich bin angekoppelt an die Ebenen der Engelreiche, die diese Leichtigkeit einströmen lassen in euer Sein und euch behilflich sind, diese Leichtigkeit in euch selbst mehr zu leben. Es ist ein spielerisches Sein, mit diesen Kindern der Neuen Zeit zusammenzusein. Das, was sie hier brauchen, nämlich die Lenkung ihrer Kraft, geschieht durch euer Bewußtsein über eure Kraft, durch euer Heraustreten aus euren Zweifeln und Programmierungen, und das wahrlich auch durch das Inbesitznehmen eurer eigenen Kraft. Das ist die Vorbildwirkung.

Es geht hier aber auch darum, einen Rahmen zu schaffen, in den diese Kinder hineinwachsen können, in dem ihr mit ihnen über Energielenkungen sprecht, sie mit einbezieht in eure Meditationen, wo ihr Kinder, auch Kleinkinder und Säuglinge, mit einbindet in entsprechende Übungen und sie anleitet, indem ihr euch zuerst mit eurer Seele, mit eurem Hohen Selbst verbindet und dann mit der Seelenebene eures Kindes, und gemeinsam diese Übung durchführt. Dieses bewirkt nicht nur für euer System eine Klärung, eine Harmonisierung, eine Zentrierung, eine Ausrichtung, sondern auch für das System eurer Kinder.

Es ist von Wichtigkeit, daß ihr auf das Wechselspiel achtet, das zwischen euch und euren Kindern stattfindet, indem ihr euch auch erlaubt, auf die emotionale Ebene und auf den emotionalen Austausch einzusteigen, und nicht auf einer mentalen Erziehungsebene bleibt, weil dieses vielleicht schon immer so gewesen ist, zum Beispiel in Formen von Beschränkungen und Vorschriften. Erkennt, daß es ein Spiel der Energien ist und erlaubt euch auch hier, im wechselseitigen Austausch im Hier und Jetzt zu sein.

Spielregeln, die es vor zehn Jahren im Erziehungssystem gegeben hat, sind nicht mehr angebracht. Und es kann sein, daß etwas, was gestern noch adäquat war, heute nicht mehr stimmt aufgrund der Entwicklung, des globalen Prozesses, der hier im Bewußtsein der gesamten Menschheit, die hier Raum genommen hat, stattfindet. Das heißt also:

Seid flexibel in der Erziehung eurer Kinder und erlaubt euch, auf die individuelle Ebene eurer Kinder einzutauchen und erkennt sie an als das, was sie sind: Botschafter des Lichts.

Diese Neuen Kinder sind Botschafter des Lichts, sind offene Kanäle, und es geht hier auch darum, daß ihr darauf achtet, daß diese Kanäle in ihrer Ausrichtung geschützt sind, daß ihr sie entsprechend fördert, daß ihr sie einladet, auch über die Ebenen, aus denen sie kommen, zu sprechen, - und auch hier wieder in dem Bewußtsein, dieses bereits zu tun, wenn sie noch ein Kind sind, das noch nicht sprechen kann, denn hier erfolgt die Kommunikation auf telepathische Art und Weise. Und so kann dieses Wissen bereits in euch Raum nehmen, kann euch ergänzen, kann euch erweitern, kann euch verbinden mit eurem Wissen, das automatisch auch in einer non-verbalen Kommunikation in das System des Kindes zurückfließt und hier zu einer Erweiterung des Systems, des Bewußtseins, des Wissens auch des Kindes führt.

Es ist von Wichtigkeit, daß ihr euch erlaubt, euch auf diese Ebenen einzuschwingen. Viele von euch haben hier noch Berührungsängste und sind noch sehr in einer Struktur gefangen, die einer mentalen Konstruktion nahekommt, in der es im Zusammenleben bestimmte Erwartungen an eure Kinder gibt, die ihr aufgrund eurer eigenen Sozialisation mitgebracht habt. Bitte erkennt, daß dieser Rahmen nicht mehr paßt, weder für euch noch für eure Kinder.

Das Zusammenleben mit diesen Kindern muß neu

definiert werden. Ich bitte darum, daß dieses geschieht, denn aus vielen Kreisen habt ihr erfahren, daß diese Kinder mit sehr großen Aggressionen auf ihr Umfeld reagieren. Der Grund dafür ist, weil ihnen dieser Austausch mit ihrer Umgebung fehlt, dieser Fluß von Energien, wo sie ihr eigenes Wissen einbringen können, und gleichzeitig das Wissen und die Erfahrungen der "älteren" Generation, der "großen Kinder" – (dieser Begriff gefällt mir sehr gut, den möchte ich übernehmen) – die diese bereits hier auf diesem Erdenstern gesammelt haben, nicht in dem Maße aufnehmen und nutzen können, weil hier energetische Verbindungen zu der Ebene der „großen Kinder" unterbrochen sind, weil sie diese kleinen Kinder oft schützen möchten, in dem Glauben, kleinen Kindern dieses nicht zumuten zu können; in dem Glauben, kleine Kinder seien noch nicht in der Lage, dieses zu erfassen.

Es ist von Wichtigkeit, daß ihr hier einen dreidimensionalen verbalen Austausch eurer Sprache wählt, die dem mentalen Verständnis des kleineren Kindes entspricht. Hier stimme ich euch zu. Doch dieses ist lediglich der Ausdruck eurer Worte. Und wir sprachen, und nicht nur wir, an anderer Stelle darüber, daß die Worte letztendlich Hülsen für Energien sind. Indem ihr also passendere Hülsen für den Sprachgebrauch mit euren kleineren Mitgeschwistern auf dieser Erde sucht, können sie diese Energien auf der Mentalebene erfassen, wodurch ihr Mentalfeld angeregt wird zu wachsen und sich mehr mit dem Rest ihres Systems, mit ihren Energien, zu verbinden, die auf der emotionalen Ebene sind.

Indem ihr mit euren Kindern nicht kommuniziert, schafft ihre eine Blockierung im emotionalen Austausch, was zu einer gewissen Rebellion in den Systemen der Kinder führt, weil sie diese Auseinandersetzung auch brauchen - als Leitfaden, um sich selbst hier zu ankern, um sich hier dann einzubringen. Und es geht auch darum, daß dieses über den Austausch mit ihren Eltern geschieht. Das heißt, je offener die Kommunikation mit den Eltern auf allen Ebenen fließt, und hier meine ich auch andere Bezugspersonen, die mit diesen Kindern zusammenleben, auch wenn sie nicht ihre leiblichen Eltern sind, desto besser findet die Verankerung im Hier und Jetzt statt, zum Beispiel über gemeinsame Übungen. Und ich bitte euch, dieses zu tun - in einer spielerischen Art und Weise. Hier sind auch wieder wunderbar die Energien der Engel, wunderbar die Energien des Kleinen Volkes zu nutzen. Und auch die Energien der Farben und die Energien der Klänge, denn diese sind letztendlich auch kodiertes Wissen, da sie eine gewisse Frequenz haben und hier in Berührung kommen mit eurem physischen

Körper und euren physischen Körper ausrichten auf euer göttliches Sein. Nutzt dieses einfach, wie gesagt, in einem spielerischen Fokus. Das hilft euch auch wieder, in einen spielerischen Ausdruck im eigenen System zu kommen, denn auch hier geht es mehr um die Energie des Lachens, die Raum nehmen kann, auch im Zusammenhang mit der Lösung von Blockaden. Lernt dieses von euren Kindern. Erlaubt euch gegenseitig, daß das Lachen ein Kommunikationsmittel ist und mehr und mehr zwischen euch und euren Kindern zunimmt und nicht die Energie der Strenge, nicht die Energie der Entsagung in dem Sinne, daß ihr euch zurücknehmt, daß ihr Teile von euch verstecken wollt, auch vor euren Kindern, daß ihr hier eine gewisse Strenge und einen Leistungsdruck im Zusammenhang mit euren Kindern an den Tag legt. Das ist nicht mehr zeitgemäß! Übt euch im gemeinsamen Lachen.

Ich möchte euch bitten, daß ihr euch täglich vornehmt, mindestens einmal mit euch selbst und mindestens einmal mit eurer Familie und auch mit euren Kindern zu lachen.

Dies erhöht auch die Schwingung im Familienkontext und ermöglicht es den Neuen Kindern, in dieser Familie zu sein. Und auch die Energien des Ausgleiches, die sehr oft über diese Kinder der Neuen Zeit laufen, die innerhalb eines Familiensystems nötig sind, müssen hier nicht mehr so gelebt werden, daß es zu einer Disharmonie kommt.

Die Kinder der Neuen Zeit haben ein sehr großes Harmoniebedürfnis im Sinne eines energetischen Ausgleichs. Bitte, dieses entspricht nicht eurer Vorstellung von Harmonie! Es bedeutet nicht, daß kein lautes Wort gesprochen wird, daß es keinen Streit gibt. Sondern die „neuen" Kinder versuchen, über einen energetischen Ausgleich Harmonie im Gesamtgefüge herzustellen, was mitunter zu einer heftigen aggressiven Ausschüttung kommen kann, wenn diese nötig ist und ein Weg, um diesen energetischen Ausgleich zu schaffen. Die Kinder der Neuen Zeit spielen mit diesen Energien, und sie werten auch nicht in dieser Form, sondern sie entdecken diese Energien für sich, und deshalb ist es hier so wichtig, ihnen einen Rahmen der Bewußtheit zu bieten, der im Zusammenhang mit der eigenen Bewußtseinsschulung steht.

Ich möchte euch sagen, daß ihr hier auch etwas über die Ebene des Tierreichs lernen könnt. Da Tiere in dieser Entwicklung kein Mentalfeld haben wie ihr, sind sie direkter über ihr emotionales, soziales Verhalten miteinander verbunden. Sie analysieren nicht so viel im Zusammenleben, sondern sie tun einfach, aufgrund einer tiefen inneren Weisheit, die sie dazu lenkt und leitet. Erkennt, daß mentales Denken wie "Was hier wohl das beste ist?" „Was hier wohl ein möglicher Hintergrund sein könnte?" auch eine Beschränkung des Energieflusses sein kann, wenn ihr euch zu sehr verzettelt, was auch immer wieder geschieht, denn dadurch verliert ihr den spielerischen Umgang und zögert so die Umsetzung in einen spielerischen Alltag hinaus. Ich bitte euch, darauf zu achten, mehr im Tun zu sein, im bewußten aber auch emotional bewußten Tun, und nicht nur, indem ihr euch damit mental auseinandersetzt und ständig die Gedanken kreisen laßt! Ich bitte euch, habt den Mut dazu.

Viele von euch haben Angst[*)] vor ihren Kindern, weil sie Angst haben, sie in sich hineinzulassen, weil sie Angst haben, sich begreifbar zu machen und weil sie einen gewissen Teil von sich nicht hier in dieser Dimension ankern möchten, weil sie nicht hier sein möchten in ihren Körpern, weil sie in einem gewissen Sinne Angst haben, entdeckt zu werden, in ihrem tiefsten Inneren entdeckt zu werden, und sie nicht möchten, daß dieses im Zusammenhang mit ihren Kindern geschieht, weil sie wissen, daß sie keine Möglichkeit haben, sich zu verstecken, weil die Bewußtseine dieser Kinder zu weit entwickelt sind, als daß man sich hier noch verstecken könnte.

Laßt ab von dieser Angst, erlöst diese Angst! Ihr nehmt euch selbst dadurch einen Erfahrungswert im Zusammenleben mit euren Kindern, der eine wunderbare Bereicherung ist, der euch auch behilflich ist beim Auflösen eurer Berührungsängste, der euch auch behilflich ist beim Auflösen eurer Ängste im Hiersein, in dieser menschlichen Inkarnation.

Ich bitte euch, laßt euch mehr ein auf die Bewußtseinsebenen eurer Kinder, denn sehr oft ist hier bei euch im Kopf noch verankert, daß es sich hier um „kleine" Bewußtseine handelt. Ich weiß, dieses geschieht sehr schnell in eurem wertenden System, weil ihr hier nur den kleinen Körper seht und deshalb automatisch annehmt, daß in einem kleinen Körper nur ein kleines Bewußtsein Platz hat. Bitte, das ist eine sehr beschränkte Vorstellung, denn Bewußtsein ist letztendlich unbegrenzt; Bewußtsein hat nichts mit der Größe eines Körpers zu tun, denn selbst in einem großen Körper hat nicht das gesamte Bewußtsein Platz, denn das Bewußtsein ist, wie ich gesagt habe, unbeschränkt. Und deshalb ist es hier unsinnig, diese Wertung zu machen zwischen großen und kleinen Körpern. Es geht darum, euch mit euren Kindern auf Ebenen einzulassen, die eine emotionale telepathische Kommunikationsform darstellen, indem ihr euch erlaubt, in diese Kommunikation einzutauchen, so wie ihr euch mehr und mehr für unsere Ebenen öffnet, um auch hier in den Austausch mit den feinstofflichen Welten zu gehen, egal welche Namen sie tragen.

So geht es hier auch darum, den Austausch in dieser Form mit euren Tieren, mit euren Kindern, mit anderen dreidimensionalen Bewußtseinsebenen in eurem Umfeld auszubauen. Wichtig dabei ist, daß ihr diese Kommunikationsmöglichkeit in eurem eigenen Umfeld nutzt und diese nicht nur auf Wolke 7 oder Stern Nr. 188 ausbauen möchtet.

Ich möchte hier noch ein anderes Beispiel bringen, das durch viele Kanäle und von vielen Wesenheiten aus unseren Ebenen durch euch vermittelt wurde und auch in eurem Bewußtsein mittlerweile Raum genommen hat. Es geht um das Thema Krieg:

Ihr könnt nicht sagen, ein Krieg irgendwo in einem fremden Land ist ein Krieg, der weit weg ist. Und ihr könnt nichts gegen ihn tun, wenn ihr nicht gleichzeitig versucht, mit euch und in euch selbst in den Frieden zu kommen. So ist es auch mit der Kommunikation. Es geht nicht darum, euch für die Weiten dieses Universums zu öffnen, wenn ihr die Kommunikation in euren Familien, in euch selbst, vergeßt. Deshalb laßt euch ein auf die Kommunikation mit euren Kindern.

Ihr solltet euch bewußt machen, daß diese ohnehin emotional unbewußt fließt, auch wenn sich euer Mentalfeld dagegen sträubt und Ausreden findet wie "Ich kann dich nicht verstehen. Ich habe jetzt keine Zeit dafür" oder ähnliche Sätze, die diesen Kommunikationsfluß unterbinden. Wenn diese Kommunikation nicht frei fließen kann, so wirkt dies wie eine Disharmonie, die in eurem eigenen System entsteht. Wenn ihr in eurem eigenen System nicht darauf achtet - auch auf die Bedürfnisse eures physischen Körpers, der euch signalisieren möchte, daß er Ruhe braucht -, dann werdet ihr eine Disharmonie, eine physische Disharmonie kreieren, die euch zu dieser Ruhe zwingt, indem ihr zum Beispiel nicht mehr fähig seid aufzustehen, weil ihr eine Krankheit manifestiert habt. So ist es auch im Umgang mit Menschen und mit den Kindern der Neuen Zeit, wenn ihr nicht bereit seid, euch auf diese Kommunikation einzulassen und dadurch eine emotionale Disharmonie im Kommunikationsfluß entsteht. Als Folge kann das Verhalten des Kindes immer auffallender werden, damit diese Kommunkation wieder stattfinden kann, indem ihr euch selbst "zwingt" (laßt mich diesen Begriff verwenden, weil das Verhalten eures Kindes so auffallend ist), daß ihr nicht mehr umhin könnt als hinzusehen und zu versuchen, mit diesem Wesen in Kontakt und Kommunikation zu gehen.

Das ist nicht nötig, wenn ihr von vorneherein in einem spielerischen Austausch und spielerischen Fluß seid. Es ist ein Übungsfeld auch für euch, mit euren Energien ins Hier und Jetzt zu gehen, was ein großes Spannungsfeld für viele Systeme ist, da sie hier oft von Energien in ihrem System getrieben sind, die sie motivieren, dieses und jenes zu tun - so daß sie den ganzen Tag im Außen agieren, ohne nach innen zu gehen und sich ein einziges Mal sich selbst begegnen zu müssen, um zur Ruhe in sich zu finden und ohne sich anzudocken an die Ich-Bin Energie und diese schwingen und wirken zu lassen in der Stille. Und diese Stille ist ein Zustand des Bewußtseins, diese Stille ist ein verbindender Punkt. Diese Stille ist eine Energie des All-Einen-Seins und auch des Einverstandenseins mit allem, was ist.

Das bedeutet, daß durch dieses Tun im Außen, dieses Nichtinnehaltenkönnen im Einverstandensein mit allem, oft das Gefühl der Überforderung entsteht, das Gefühl, daß zu wenig Zeit ist, alles zu tun, was getan werden soll. Bitte, das einzige, was zu tun ist, ist innezuhalten und zu spüren und daraus ein Wissen entstehen zu lassen, das einem bewußten Sein gleicht, das alle Körperebenen durchdringt, daß alles ist so, wie es ist, und daß es gut ist so, wie es ist. Und daß in diesem Ist-Punkt auch alles enthalten ist, alles möglich ist.

Dies ist eine wichtige Voraussetzung für eure Systeme für diese Zeit des Aufstiegs in die fünfte Dimension, aber auch für den Umgang mit euren Kindern und für den Umgang mit euren Projekten, denn aus diesem Innehalten heraus entsteht ein tiefer, tiefer Frieden, der sich in euch ausbreitet und natürlich auch im Wechselspiel steht mit eurem Umfeld. Und das ist auch wichtig im Umgang mit euren Kindern!

Die Erziehungsmodelle, die wir hier auf der Erde sehen, die ihr Schulen nennt, sind von unseren Ebenen aus sehr sonderbar anzusehen, denn es ist keine wahre Gemeinschaft in einem fließenden Sein. Es ist eine Struktur, die aufgesetzt wurde und in der es einen gewissen Zeitplan gibt, der eingehalten werden muß. Es fehlt das Spiel, es fehlt das Fließen in diesen Strukturen. Und Lernen beginnt nicht erst zu einem bestimmten Zeitpunkt, mit einem bestimmten Alter, sondern Lernen ist ein Ausdruck des ewigen Fließens und findet schon vor dem statt, was ihr Schule nennt. Und es ist wichtig zu erkennen, daß Lernen nicht etwas ist, was an die Schule gekoppelt ist, sondern daß Lernen ein Bestandteil eures Lebens ist, einfach auch aus dem Wunsch heraus, Erfahrungen zu sammeln. Und daß die Modelle des Lernens sich in ein spielerisches Lernen verändern werden, was auch beinhaltet, daß Lernen immer und überall stattfinden kann und es dann mehr individuelle Gruppen geben wird, die sich auf ein bestimmtes Gebiet beziehen, in denen Kinder mitwirken können. Mit anderen Worten: Ein Erziehungsmodell im schulischen System für die neue Zeit sieht so aus, daß es hier freie Gruppen gibt, an denen Kinder teilnehmen können, wenn sie bestimmte Interessen haben.

Dieses Lernen ist ein ganzheitliches Lernen, das mit allen Sinnen und in einem sehr spielerischen Aspekt geschieht. Hier gibt es dann nicht mehr diese Strenge im Sinne von acht bis zwölf Uhr oder noch länger, denn das ist sehr sehr unnatürlich. Es ist so unnatürlich, daß es schon wieder einen gewissen Aspekt des Humores beinhaltet und ich euch bitten möchte, über eure Schulsysteme zu lachen. Es war ein guter Versuch, eine Struktur der Erziehung und des Lernens zu schaffen, aber es hat nichts mit der Leichtigkeit des Seins zu tun. Erlaubt, daß diesem neuen Sein, diesem neuen Wachstum Raum gegeben werden darf, daß sich dieses sehr schnell in den nächsten Jahren bilden darf, denn eure Kinder brauchen das.

Ein klarer Aspekt in diesen freien Gruppen ist die Arbeit mit Naturgeistern, ist der Austausch mit den Engelebenen. So läßt sich zum Beispiel mathematisches Wissen über die Arbeit mit Kristallen erwerben, indem spielerisch das Wissen der Natur eingesetzt wird. Es geht einfach darum, daß an der Kraft, an der Mitschöpferkraft, am Selbstbewußtsein und am Selbstwert des Kindes gearbeitet wird, indem ihr zulaßt, daß ein Kind selbstbewußt ist. Ein Kind ist bereits selbstbewußt, das muß es nicht erst lernen. Was es braucht, ist der Rahmen, in dem es selbstbewußt sein darf.

Deshalb ist es so wichtig, daß ihr bereits in euren Familien beginnt, dieses spirituelle Wissen in euren Alltag miteinzubauen. Daß eure Kinder selbstverständlich miteinbezogen werden in spielerische Meditationen. Und auch hier gibt es Meditationen mit Farben und Klängen, wie ich bereits sagte, es gibt Meditationen der Bewegung und des Tanzes, und ihr könnt dieses alles nutzen, um in den Austausch, in die Kommunikation mit euren Kindern zu gehen. Dann werdet ihr erkennen, daß es ein Bewußtsein ist, das zwar einen kleinen Körper hat, aber durchaus in der Lage ist, mit euch zu kommunizieren. Es geht um den Austausch von Bewußtseinsebenen, die sich sehr viel zu sagen und zu geben haben, egal wie groß oder wie alt ein Körper ist. Dieses wird sich ohnehin sehr schnell relativieren, wenn erst eure DNS dekodiert und die atlantischen Siegel gelöst sind.

Bitte erkennt, daß es auch hier auf unserer Ebene so etwas wie ein Alter gibt, aber dieses ist ein Alter des Bewußtseins, könntet ihr es nennen, und zwar bedeutet das, daß dieses ein Aspekt ist, wie lange sozusagen ein Bewußtsein als "individuelles" Bewußtsein innerhalb eines "Kollektives" bereit war, sich aus diesem "Kollektiv" zu lösen, um eine "individuelle" Erfahrung in das "Kollektiv" einzuspeisen. Insofern bin auch ich ein sehr junges Bewußtsein im Vergleich zu vielen Geschwistern aus meinem Kollektiv, und trotzdem habe ich gerade aufgrund meiner Jungheit, um diesen Begriff zu prägen, einen besonderen Aspekt, der durch und über meine Ebene im Zusammenhang mit diesem spielerischen Sein, mit dieser Leichtigkeit, mit diesem Lachen, fließen kann. Und dieses ist es auch, was für euch Erdensternenkinder jetzt von so großer Wichtigkeit ist: daß ihr mehr über euch lacht. Ich weiß, ich wiederhole mich hier, und nicht nur ich wiederhole mich, sondern viele andere Wesenheiten haben euch dieses schon oft gesagt. Bitte erkennt, wir werden es noch oft wiederholen, wir werden es noch so oft wiederholen, bis ihr es wahrlich auch lebt. Nicht nur mit euren wunderbaren Köpfen begreift, sondern es lebt, mit allen Zellen eures Seins, und ihr wahrlich zu einem lachenden Kraftwerk eurer selbst werdet.

Ich bitte euch sehr, daß ihr, die ihr die großen Kinder seid, euch mehr erlaubt, euren kindlichen Teil zu leben. Achtet auf eure Inneren Kinder und laßt sie leben. Laßt sie spielen, laßt sie tanzen und laßt sie lachen und erkennt, im Zusammenhang mit euren Inneren Kindern, was eure äußeren Kinder brauchen und gerne haben möchten.

Erziehung ist in meinem Verständnis nur eine Richtlinie, die auch gegeben werden muß, weil sie einen Rahmen bildet, in dem sich eine Energie ergießen kann, in diesem Fall ein Rahmen für ein Kind, in dem sich ein Kind ergießen kann, erfühlen kann, erkennen kann und auch potenzieren kann.

Bitte, ein Rahmen ist nicht dazu da, um zu begrenzen; ein Rahmen ist hier, um die Kraft innerhalb dieses Rahmens zu potenzieren. Und wenn ihr auf dieser Ebene eures Inneren Kindes schwingt - und hier spreche ich von eurem heilen, Inneren Kind, von eurem göttlich-angebundenen Kind - werdet ihr wissen, welche Rahmen sinnvoll sind und welche nicht. Und wenn ihr euer Inneres Kind fragt, was es gerne möchte, was es gerne spielen möchte, womit es gerne spielen möchte, werdet ihr sehr schnell auf die Ebene der Kommunikation gelangen, die nötig ist, um in einen bewußten Austausch mit euren Kindern zu gehen.

Bitte, ihr alle tragt, den Aspekt des Inneren Kindes in euch. Nützt diesen Aspekt im Umgang mit euren Kindern. Und bitte, lebt euer Inneres Kind, das ist von Wichtigkeit. Lebt nicht über eure Kinder oder gebt auch nicht euren Kindern den Auftrag, euer Inneres Kind zu leben. Lebt euer eigenes Inneres Kind und schafft dadurch im spielerischen Umgang ein gemeinsames, leichtes, liebevolles Miteinander.

Wenn sich neue Seelen entscheiden, als Lichtbringer in die Dichte der Materie zu gehen, kann es sein, daß sie eine Familie wählen, in der sie geschlagen werden. Dann geht hier nicht in das Mitleid, geht nicht in das Drama, sondern versucht, auch diesen Kindern zu helfen, ihre spielerische und leichte Seite zu fördern. Und achtet darauf, was ihr ihnen als Hilfe zur Verfügung stellen könnt, damit ihr nicht durch eure Lenkung der Energie die Dichte verstärkt. Bringt Lachen ein, bringt Licht ein, bringt Leichtigkeit ein - zum Wohle des gesamten Gefüges, das sich hier in einer gewalttätigen Konstellation als Familie zusammengefunden hat.

Bitte, dieses sind Methoden der Neuen Zeit, denn wenn wir sagen, es ist eure Entscheidung, in Leichtigkeit, Freude und Liebe zu wachsen, zu lernen, zu üben, dann meinen wir das auch so. Und auch hier geht es darum, daß ihr dieses für euch in Anspruch nehmt und umsetzt, und zwar in einer Art und Weise des tätigen Tuns.

Erkennt, daß es letztendlich keinen Unterschied gibt, wie auch immer sich etwas im Außen gestaltet. Ihr habt immer die Möglichkeit zur Leichtigkeit, zur Freude und zum Lachen. Denn alles, alles was sich hier auf diesem Erdenstern kreiert und was ihr kreiert, ist ein Spiel, ist ein kosmisches Spiel. Laßt zu, daß sich dieses mehr und mehr in euren Systemen verankern kann. Macht eure lachenden Erfahrungen und gebt diese weiter.

Seid gesegnet, seid in der Liebe. Dies ist ANDO-NELLA.

Bitte stellt eure Fragen, ich bin bereit.

Was sind die Schwerpunkte im Umgang mit den Kindern der Neuen Zeit, und kannst du noch mehr zu den neuen Schulmodellen erzählen?

Es geht hier um die Energie des Inneren Kindes. Es geht hier darum, daß ihr eine Übung machen solltet mit den Menschen, mit der sie in die eigene innere

Kindlichkeit hineingeführt werden, um aus dieser Energie eine Wolke entstehen zu lassen. Eine Wolke des Bewußtseins, die verbunden ist mit dem Lachen der Kinder, mit dem Lachen der Fröhlichkeit, mit dem spielerischen Sein. Und das wirkt sich auf das morphogenetische Feld dieser Erde aus und verändert es und die Menschheit.

Diese Kinder sind nicht etwa eine neue Rasse, die hier Raum nimmt und die so anders ist als ihr. Nein, diese Kinder sind ein Teil von euch. Ein sehr bewußter Teil von euch - auch das, was euch so staunen läßt, die Intelligenz, das Bewußtsein, die Kraftlenkungen dieser Kinder. Sie sind ein Spiegel für euch, um euch dort hinzubringen, wo ihr wieder hin möchtet. Wo ihr jetzt, in dieser Zeit, wieder hinkommt, denn das ist eine Voraussetzung für die Verankerung der fünften Dimension.

Diese Kinder sind auch hier, um die fünfte Dimension mit euch zu verankern.

Das heißt, sie kommen aus einer Schwingungsebene, die hier ein Schwingungsfeld erzeugt, das dem der fünften Dimension sehr nahe ist. Damit es euch leichter fällt, euch aus dem Nebel der Illusion, dem Schleier der Illusion, der Begrenzung, der Enge, der

Dichte des Dramas zu lösen. Um euch zu befreien von den Illusionen über euch selbst. Und euch hineinzubringen in eure Kraft. Das ist die Aufgabe, die diese Kinder haben.

Verbindet euch mit dem eigenen Inneren Kind. Und erlaubt auch, daß ihr über diese „neuen" Kinder gelehrt werdet und über das, was sie brauchen - ein Umfeld, das geprägt ist von Liebe.

Und Liebe – und hier schließe ich an, an einen Satz, den ihr alle kennt: "Ich müßt euch zuerst selbst lieben, bevor ihr fähig seid, andere zu lieben!" entsteht auch aus der Qualität der Selbstliebe. Deshalb ist es für den Umgang mit diesen Kindern sehr wichtig, an eurer Selbstliebe zu arbeiten, an eurem Selbstwert. Und deshalb schafft für euch ein Umfeld, in dem ihr euch wohl fühlt. Und in diese Umfeld ladet die Kinder der Neuen Zeit ein. Und erlaubt, daß ein gemeinsames Umfeld entsteht, in dem ihr euch alle wohl fühlt. Wenn ihr euch Gutes tut, tut auch diesen Kindern Gutes. Und so werden Verständnis und ein Miteinander geschaffen, das allen wohl tut.

Das Schwingungsfeld der Kinder muß sich verdichten, und das Schwingungsfeld der Erwachsenen muß sich erlichten, nur dann kann eine gemeinschaftliche Ebene gefunden werden. Deshalb sind diese Übungen, die ein Bewußtsein der Erweiterung der

Fülle an Möglichkeiten bieten, eine wunderbare Ergänzung, um sich auf dieser Ebene, der Ebene der Harmonie, letztendlich zu begegnen. In dem Bewußtsein der Verankerung im Hier und Jetzt, damit der Austausch auch im Alltag auf eine harmonische Energieebene kommen kann.

Ich weiß, daß ihr euch sehr für die Modelle der Erziehung, die ich im Zusammenhang mit euren Schulen angeschnitten habe, interessiert. Bitte erkennt:
Die Schulen der Neuen Zeit sind nicht auf Leistung ausgerichtet. Es geht nicht um besser und weiter und schneller als der andere, sondern darum, daß diese Schulen ausgerichtet sind auf das Bewußtsein, daß jeder ein Teil des anderen ist. Und jeder eine spezielle Aufgabe, eine bestimmte Qualität, ein bestimmtes Geschenk hier in diesem Körper, hier in dieses Sein, mitbringt. Dieses zu entwickeln, dieses zu leben, ist das Ziel einer jeden Inkarnation, auch der Inkarnation der Neuen Kinder.
Wichtig ist daher der Aspekt der Förderung, der individuellen Förderung innerhalb eines Kollektives. Denn durch diese individuelle Förderung kommt der einzelne dazu, dieses Geschenk, das er mitbringt, dem Kollektiv zur Verfügung zu stellen und so das Kollektivbewußtsein anzuheben. Diese geschieht

nicht durch ein Gegeneinander, durch ein Bessersein, durch ein Weitersein, sondern ganz klar durch eine Energie des Miteinanders.

Dieses bringt auch mit sich, daß der Lehrer, um bei diesem Begriff zu bleiben, ein Teil des Kollektivs ist und nicht eine Wesenheit, die besser ist oder mehr weiß und sich deshalb vor eine Gruppe stellt, um hier den „Guru" zu spielen. Sondern er soll erkennen, daß er Teil des Kollektivs ist und auf der gleichen Ebene wie seine Schüler steht. Denn auch er lernt von seinen Schülern, so wie jeder Meister von seinen Schülern lernt. So, wie jedes feinstoffliche Wesen durch die Berührung, die Gespräche, die Kommunikation mit euren Ebenen lernt. Es ist immer ein Austausch.

Wichtig hierbei ist zu berücksichtigen, daß diese Gruppen innerhalb einer Struktur sehr flexibel sind. Auch was Themenschwerpunkte betrifft. Nicht jedes Kind muß alles lernen. Wozu auch. Es hat die Freiheit, aus einem mannigfaltigen Angebot das, was es möchte, zu wählen. So, wie zum Teil schon jetzt durch Wahlfächer, wenn sich das Kind für das jeweilige Thema entscheidet. Dieses geschieht alles ohne Beurteilung, ohne Beurteilung von außen.

Noten werden keinen Platz mehr haben, denn Benotung ist ein System der Manipulation. Die Notengebung ist gebunden an die Energie der Angst, und das ist keine Qualität der fünften Dimension. Die Motivation dieser Kinder ist, etwas zu lernen, sich selbst in seinen Qualitäten auszuprobieren. Und es wird die Freude sein, die sie motiviert, an diesen Lerngruppen teilzunehmen. Es werden viele Kinder in diesen Gruppen sein, trotz der Freiwilligkeit. Denn Kinder wollen lernen, Kinder wollen erfahren, wollen wissen. Nur der Druck der Beurteilungen verdirbt ihnen oft die Freude daran. Noten werden abgeschafft werden.

Es wird Kinder geben, die über die Theorie lernen möchten, andere über einen kreativen, tänzerischen Ausdruck. Daher ist es wichtig, daß die Lehrer, die diese Gruppen führen, in ihrer Kraft sind, in ihrer Mitschöpferkraft, und auch in ihrer spirituellen Kraft. Diese Gruppen werden auch unterschiedliche Ausprägungen haben – mag es um Sichtigkeit gehen, um Hellhörigkeit oder was auch immer. Viele Kanäle werden sich zur Verfügung stellen, wenn es um feinstoffliche Wahrnehmung geht, um den Austausch mit anderen Ebenen, um Manifestationen. Und dieses alles geschieht bereits im Alter euer jetzigen Kindergartenkinder. Es wird nicht mehr zuerst nur ein spielerisches Lernen sein, und ab sechs Jahren wird es dann „ernst" – in der Schule. Sondern es wird fließend sein. Es wird Gruppen geben, die ausgerichtet sind auf Dreijährige, die aber vom Themenschwerpunkt gleiche Inhalte haben wie für ältere Kinder, nur in einer Form, die für Dreijährige ansprechend ist. Es wird eine Gruppe geben, in der die älteren Kinder zusammengefaßt sind. Diese Schulen sind Zentren des alltäglichen Lebens, nicht außerhalb und weit getrennt von der Familie. Das heißt, es ist auch innerhalb dieser Einheiten ein freies Sein. Wichtig ist, daß hier auf der Ebene der Freiheit gearbeitet wird.

Zusammenfassend laßt mich sagen: Das jetzige Schulsystem ist geprägt durch die Energien des Fischezeitalters, die hier verankert sind und die sich später dann im Beruf fortsetzen. Jetzt ist es ja noch so, daß ihr einen Beruf gewählt habt und glaubt, ihn erfüllen zu müssen, egal ob er euch Freude macht oder nicht, denn ihr müßt Geld verdienen, um euch zu ernähren. Das wird sich ändern, je mehr ihr euch erlaubt, in ein spielerisches Tun zu gehen.

Wenn ihr den Ausdruck der Freude in euer Leben einfließen laßt, was sich auch auf den Beruf auswirkt, werdet ihr auch zulassen, daß eure Kinder in Freiheit wachsen und lernen dürfen – so, wie es ihnen entspricht und nicht nach einem Modell, das nach den Wünschen, besser gesagt: dem „Diktat" einiger weniger von außen geformt wird, nämlich nach rein materiellen Gesichtspunkten.

In eurem Schulsystem gibt es keinen Platz für Lachen, Tanzen, Freiheit, aber für viele verhaltensauffällige Kinder, denn der heutige Rahmen ist viel zu eng, zu strukturiert. Er ist aufgebaut auf Manipulation, Kontrolle, Angst. Das wird sich ändern.

Ich bitte euch, euch zu treffen, untereinander auszutauschen, und zu beginnen, diese offenen Gruppen zu gestalten. Beginnt bereits bei den Kleinsten und Kleinkindern. Das ist von großer Wichtigkeit, damit diese Modelle aus sich heraus wachsen können. Geht in die Umsetzung, und ihr werdet sehr schnell erkennen, wie das möglich ist. Seid gesegnet!

FRAGEN UND ANTWORTEN AUS DER GEISTIGEN WELT

Mit liebevoller Genehmigung darf ich hier Auszüge aus Einzelsitzungen wiedergeben, die ich selbst zusammengefaßt habe. Herzlichen Dank!

Auf die Frage der richtigen Schulwahl antwortete Hilarion, daß man nicht grundsätzlich sagen könne das "System Waldorfschule" sei immer geeigneter als das "System Regelschule". Die Eltern und die betreffenden Kinder sollen die Kommunikation mit den Lehrern in den verschiedenen Schulen suchen und dann die Entscheidung treffen, denn es geht um die Bereitschaft des Lehrers, selbst noch wachsen und lernen zu wollen, und um den Ausdruck des Herzens, nicht um den Namen der Schule.

Geburt - Tips für künftige Großmütter

Hilarion: Es geht hier darum, daß ihr euch als Mutter zur Stunde der Geburt mit eurer Tochter verbinden und mit ihr gemeinsam atmen könnt, indem ihr für euch visualisiert, wie ihr sozusagen euren Erdkanal öffnet - sanft, ganz sanft. Mit jedem Ausatmen öffnet sich euer Erdkanal mehr und ihr spürt und visualisiert, wie dieses Kind in Leichtigkeit hinausschlüpfen kann. Ihr verbindet euch vorher einfach energetisch mit dem System eurer Tochter, und dann könnt ihr ihr diese Hilfestellung geben. Das Neugeborene braucht sehr viel Gold, Rosa und manchmal Silber, aber am besten stimmt ihr die Farbe auf euer Baby ab – und zwar schon jetzt, aber vor allen Dingen für die Phase des Übergangs. Also, flutet einfach die Gebärmutter mit diesem Licht. Und heißt dieses Kind auch so willkommen. Es ist ein Kind der Neuen Zeit. Ihr könnt ihm auch schon auf diese Weise sagen, daß ihr es erkannt habt und es unterstützen werdet. Daß es keine Angst zu haben braucht, auf diese wunderbare Welt zu rutschen. Das ist wichtig, für eure Tochter und für dieses Kind.

Dann geht es darum, daß ihr den Raum der Geburt vorbereitet. Dazu möchte ich euch bitten, den gesamten Geburtsraum, egal wo die Geburt stattfindet, in goldenes Licht zu hüllen und zwar in ein strahlendes goldenes Licht. Ich möchte euch bitten, daß ihr um diesen Geburtsbereich einen Kreis von Engeln aufstellt. Dann ruft die Hebamme und den Vater des Kindes, also alle beteiligten Personen, auf der Seelenebene (wie bei einer inneren Konferenz), zu euch und sagt ihnen ganz klar, was ihr von ihnen möchtet. Ihr könnt sie zum Beispiel mit Gold fluten, damit jede

Seele vor dem Gebären die Angst verliert, die Angst vor dem Überwechseln in eine andere Dimension, denn selbst die Hebamme, die bei vielen Geburten bereits zur Seite gestanden hat, hat noch ihre Resonanzen zu diesem Thema, wie zum Beispiel, daß Geburten gefährlich sein können und deshalb in der Klinik stattfinden müssen und, und, und. Deshalb ist es wichtig, daß ihr im Vorfeld mit den Seelen verhandelt und ihnen sagt, daß es hier um ein Geschenk des Lebens, um eine wunderbare Initiation für alle Beteiligten geht. Und das kann in Liebe und Leichtigkeit geschehen.

Hilarion zum Thema telepathische Kommunikation mit Babys

Sagen wir so, je weniger ihr tut, um so leichter geht es. Also erkennt, es geht hier darum, daß euer Baby automatisch mit euch kommuniziert, auch telepathisch. Ein Beispiel: Ihr habt Eingebungen, die ihr zwar als eure empfindet, die aber ganz klar aus der Ebene eures Kindes kommen. Aufgrund der Verbindung der beiden Auren, also eurer und der eures Kindes, könnt ihr hier manchmal gar nicht mehr trennen, was euer Empfinden ist oder inwieweit die Energie eures Babys mitspielt, die ihr aber als eure empfindet.

Wenn ihr jetzt beginnt, mental etwas aufzubauen, damit die Kommunikation fließt, dann wird es schwierig, denn dann seid ihr so verengt in eurem System, daß eure Kommunikationskanäle, die euer Kind bis jetzt nutzen konnte, dadurch eingeschränkt werden. Deshalb möchte ich euch bitten, nehmt es einfach hin: Diese Kommunikation findet statt, und sie funktioniert. Wenn ihr mit dem Wesen sprecht, wird das euer Kind motivieren, sich mit euch auszutauschen, ein Dialog entsteht. Wichtig ist dann, daß ihr nicht verkrampft dasitzt und versucht, mit euren physischen Ohren zu hören, was dieses Kind euch jetzt sagen möchte, sondern daß ihr einfach sehr achtsam seid auf die Eingebungen, die euch kommen - auf plötzliche Ideen, auf Impulse, bestimmte Orte aufzusuchen, bestimmte Bücher zu lesen, bestimmte Lieder zu singen oder auch bestimmte Sendungen im Fernsehen anzuschauen oder im Radio zu hören. Das sind alles Formen der Kommunikation. Ihr könnt es euch so vorstellen wie eine Kommunikation mit den Engelebenen oder den geistigen Welten.

Es geht darum, daß diese Kinder sehr viel solare Energie, die ihr ihnen gebt, wieder zu euch zurückwerfen, denn diese solare Energie ist ein starkes Bindeglied zwischen euch. In dieser Energie ist eine bestimmte Information enthalten, die ihr gemeinsam über euren energetischen Austausch in eure Systeme einfließen laßt, was sich in euch als Gedanke oder Impuls zeigt. Also, seid offen für die Anregungen und Inspirationen, die euch eingegeben werden. Das ist eine Form der Kommunikation, und hier ist wichtig, daß ihr euch nicht auf ein mentales Übersetzen fokussiert, sondern ein spontanes Spüren zulaßt, indem ihr mit eurem Herzen die Bereitschaft habt, die Schwingungen aufzunehmen, die das Ungeborene euch sendet. Hier vertraut eurer Wahrnehmung. Das ist eine Form der Kommunikation. Hier geht es nicht darum, etwas Bestimmtes zu üben oder zu machen, sondern nur darum, euch aufzumachen, damit eure Empfangskanäle offen sind und diese Art der Kommunikation stattfinden kann.

Schwangerschaft

Nada: Ihr Erdensternenkinder, wenn wir den Begriff verwenden, daß Gaia eure Mutter ist, bringt ihr immer gerne die Beziehung zu euren leiblichen Müttern mit ins Spiel, die doch meist geprägt ist von einigen emotionalen Aufs und Abs und einigen sehr interessanten Konstruktionen, die auf der Beziehungsebene laufen. Das hat nichts zu tun mit dem Aspekt der Mutterqualität, die Gaia ihren Kindern offenbart, denn

Gaia ist reine Liebe, ist bedingungslose Liebe, ist absolute Liebe. Bitte, deshalb ist es wichtig, wenn ich hier sage: verbindet euch mit Gaia als eure Mutter, daß ihr euch erlaubt, diesen Aspekt der bedingungslosen Liebe, den sie für euch empfindet, zu empfangen und anzunehmen. Ihr seid hier dann wie ein Kreislauf, denn durch euch läuft diese Verbindung. Und so lange euer Kind in eurem Bauch ist, ist es eingebunden in diesen Kreislauf. Und wenn euer Kind geboren ist, dann sendet diese Liebe der Mutter Erde über euer System, über eure Hände oder über euer Herz hinein in das System eures Kindes und umhüllt es mit dieser Liebe. Das ist eine wunderbare Übung, die ich euch bitten möchte, diesem Kanal weiterzugeben, um Sternenkindern auf der Erde das Ankommen zu erleichtern und die Liebe der Erde, die Liebe der Materie auch in einem dreidimensionalen Sein zu erleben. Die Liebe der Materie schließt auch die finanzielle Fülle mit ein.

Neurodermitis

Hilarion: Es geht hier um mehrere Themen. Zum einen sind diese Hautprobleme Ausdruck einer Rebellion: "Ich fühle mich nicht wohl in meinem Körper. Ich habe Probleme mit Grenzen und Freiraum."

Diese Affinität ist bereits in den Zellen des Kindes gespeichert, weil es viele Inkarnationen hier auf diesem Planeten hatte, wo diese Affinität erzeugt wurde. Hier ist es wichtig, euer Kind aus dem morphogenetischen Feld auszuklinken. Dazu bitte ich euch, mit ihm ein Clearing machen zu lassen, bei dem die Information herausgelöst wird. Das ist aber erst ungefähr mit einem halben Jahr sinnvoll, denn sein System muß auf mehreren Ebenen darauf vorbereitet werden, daß es nicht über Krankheit lernen muß, denn das geschieht automatisch in seinem System. Wenn ihr seiner Haut Heilenergie zur Verfügung stellt, nimmt das Kind sich nicht an, weil in seinen Zellen gespeichert ist: "Das ist so üblich, das bin ich gewohnt. Das habe ich schon praktiziert." Hier solltet ihr als Vorbereitung mit der solaren Energie seine physischen Zellen nähren. Ihr könnt es euch so vorstellen: Ihr laßt solare Energie in sein System einfließen, und diese Energie setzt diese Zellen in Bewegung, dadurch findet eine Schwingungserhöhung im physischen Sein statt, und durch die Rüttelbewegung werden die alten Strukturen und Informationen gelockert. Das ist wichtig, denn dann kann man die Neurodermitis wirklich aus seinem System herauslösen. Bitte, ihr könnt auch über die Ebene von Olivenöl arbeiten, das ihr mit Raphael für die Heilung, mit Uriel für die Transformation und mit Haniel für die Befreiung energetisiert und auf die entsprechenden Stellen aufträgt. Dieses Öl wendet ihr täglich an. Ihr könnt es sehr dünn auftragen.

Zusammenfassung einer Durchsage von Hilarion

Es war während einer Frage/Antwort-Runde bei einem Seminar am Chiemsee. Eine Mutter meinte, daß ihr Sohn sehr viel Nintendo spiele und fernsehen würde und sie etwas verunsichert sei.

Hilarion erklärte ihr, daß die Kinder der Neuen Zeit durchweg von ihrem mentalen Potential unterfordert seien und deshalb zum Beispiel auf Computerspiele sehr abfahren.
Er erzählte weiter, daß jede Krankheit ein energetisches Konstrukt von Schwingung, von Form und Farbe ist. Ein Kind sieht sich diese Muster in der Aura an, und eines gefällt ihm, es möchte es näher betrachten und kennenlernen. Dieses Muster ist in der grobstofflichen Übersetzung eine Krankheit, die wir zum Beispiel Krebs nennen. Das Kind zieht dieses energetische Muster in sein System, um mehr darüber zu erfahren. Es wertet immer noch nicht: "Das ist nicht gut, das ist eine Krankheit", sondern es freut sich am Ausprobieren. Das kann sogar dazu führen, daß dieses

Kind auch auf der grobstofflichen Ebene dieses Krankheit bekommt. Es hat aber mit der klaren Entscheidung, daß es genug über dieses Schwingungsfeld erfahren hat und dieses zurückgeben möchte, die Möglichkeit, sich selbst zu heilen.

*****

Ich, Ava, möchte dieses gerne ergänzen.

Viele Kinder der Neuen Zeit haben das Potential, sich selbst zu heilen oder auch ihren Körper zu regenerieren und sogar Teile ihres Körpers nachwachsen zu lassen. Das geschieht, weil sie von sich als Schöpfer überzeugt sind. Es ist wichtig, daß wir ihnen diese Schöpferkraft nicht ausreden, sondern uns von unseren Kindern anstecken lassen, um unsere eigene Schöpferkraft wiederzuerwecken.

GESPRÄCH MIT YASMIN, einem Kind der Neuen Zeit, zweiundzwanzig Jahre

Als wir bei Paul und Lydia zum Fest der Menschlichkeit in Jerzens eingeladen wurden, dort einen Beitrag zu leisten, hatte ich das Vergnügen, ein "älteres Kind" der Neuen Zeit kennenzulernen. Ich dachte mir, daß es ganz toll sei, nicht nur über die Kinder zu schreiben, sondern auch die Möglichkeit zu nutzen, mit einer Betroffenen zu sprechen. Und Yasmin stimmte einem Interview zu. Herzlichen Dank!

Yasmin, bitte stelle dich kurz vor und erzähle ein bißchen von dir.

Ich heiße Yasmin und bin zweiundzwanzig Jahre alt. Ich bin bei meiner Mutter aufgewachsen, meinen Vater kenne ich nicht. Ich hatte eine schwere Kindheit und fühlte mich nicht geborgen. Ich besuchte eine französische Schule, die habe ich abgebrochen. Ich absolvierte mit Mühe und Not eine Lehre als Bürokauffrau, die ich haßte. Jetzt habe ich eine Ausbildung zur ganzheitlichen Gesundheitsberaterin gemacht und arbeite seit einem Jahr im Kindergarten - für mich, um meine Seele zu heilen. Nebenbei mache ich die Studienberechtigung. Ich möchte gerne etwas mit Kindern tun, vielleicht zur Entwicklungshilfe ins Ausland gehen, mal sehen, was sich ergibt.

Woher weißt du, daß du ein Kind der Neuen Zeit bist? Empfindest du dies selbst so, oder ist dieser Impuls von außen gekommen?

Nun, es ist schwierig. Anders habe ich mich immer schon gefühlt. Dann bin ich auch nicht das Musterkind der Neuen Zeit, das sagt, ich freue mich, daß ich hier bin, und das seinen Auftrag annimmt. Ich habe erst sehr darunter gelitten, daß ich hier bin. Mit sieben Jahren war mein Großvater im Spital und meine Mutter und ich haben ihn dort besucht. Als wir gingen, fing ich an zu weinen. Meine Mutter fragte mich, was ich hätte. Ich sagte:

"Ich möchte gerne nach Hause." "Wir fahren ja bald nach Hause." "Nicht da nach Hause, sondern dorthin, wo meine Seele hergekommen ist." Später habe ich mal gesagt, daß ich auf Antares gelebt hätte. Das war ein Jahr später. Damals wußte ich noch nicht, daß es ein Sternensystem mit diesem Namen gibt.

Ich habe mich hier nie so richtig zu Hause gefühlt. Ich habe mich immer gefragt, was die Menschen hier überhaupt tun, das ist alles so verkehrt und so verwirrend. Es war für mich total schrecklich. Das Schlimmste aber war, daß ich schon als Kind sehr viel wußte, was von den Erwachsenen immer abgetan wurde mit Worten wie: "Du bist ja noch so jung, noch ein Kind, du hast keine Ahnung." Deshalb begann ich um mich eine Mauer aufzubauen und dachte, dann bin ich halt nur ein ganz normaler Mensch.

Es fällt mir alles sehr schwer. Ich komme mit der Welt nicht gut zurecht, bin nicht gerne hier und möchte lieber nach Hause.

Hast du dich mit jemanden unterhalten können?

Ja, mit meiner Mutter ein wenig, aber ich konnte Ratschläge wie, "Jeder hat seine Aufgabe, die er erfüllen soll." "Es ist alles ein Lernprozeß" nicht mehr hören. Die Sehnsucht, nach Hause zu gehen wurde nur noch stärker. Es war schwer für mich, einen Sinn im Leben und in der Arbeit zu sehen. Als Kind dachte ich mir immer: Wieso machen die Menschen das? Sie sind so rückständig. Wieso töten sie Tiere, warum lassen sie giftige Abgase in die Luft, warum schneiden sie Bäume ab? Ich hab eine Wut gehabt auf diese Menschen. Ein Mensch zu sein, das war für mich ein Schimpfwort.

Was ist dein Zuhause? Wie ist das Leben auf Antares?

Ich habe noch viele Erinnerungen an zu Hause und habe dazu auch Bestätigungen von Medien bekommen. Das Leben dort ist leichter. Es ist ein Miteinander. Worüber ich am meisten Bescheid weiß ist die Art des Zusammenlebens. Wir leben dort in so einer Art Kommune. Die Bevölkerung setzt sich hauptsächlich aus Künstlern, Lehrern, Propheten und Heilern zusammen. Die Technik ist sehr weit fortgeschritten, aber so integriert, daß man sie in der Natur nicht wahrnimmt. Sie ist, anders als hier, mit der Natur im Einklang. Es gibt auch völlig andere Dinge. Wir brauchen zum Beispiel niemals eine Glühbirne. Wir haben so eine Art hohle Steine. Diese sehen aus wie Salzsteine, nur weicher. Man kann sie mit verschiedenen Flüssigkeiten füllen. Diese bringt der Stein dann entweder zum Kochen oder Dampfen, oder er erzeugt damit Licht. Wir brauchen auch Sachen wie Winterkleidungen nicht - das Klima ist immer gleichbleibend, so um die fünfundzwanzig Grad. Dort wird nicht gekocht wie bei uns. Es gibt hauptsächlich Früchte und Früchtemus und anderes, was ich nicht kenne.

Woher hast du diese Erinnerungen, aus dir heraus, oder hast du sie dir angelesen?

Ich habe diese Erinnerung immer schon gehabt und hier auf der Erde immer schon nach etwas Vergleichbarem gesucht. Es war sehr verwirrend für mich, dies alles hier nicht vorzufinden. Dort ist eine Gemeinschaft, und jeder trägt etwas dazu bei.

Bei der Kindererziehung ist es so, daß wir zu Beginn nicht rechnen, schreiben oder lesen lernen, sondern zuerst werden der Geist und die Spiritualität geschult, und der Rest baut sich darauf auf. Dann weiß ich noch von einer Bibliothek, die wir hatten. Da hängen lauter goldene Quader in der Luft. Darauf gibt es Töne, bewegte Bilder, Sachen zum Lesen oder Symbole.

Aber trotz dieser Spiritualität ist es dort eher "emotional kühl", was aber nicht heißt, daß man dort nicht zur Liebe fähig ist, im Gegenteil! Ich meine, niemand ist dort überemotional, und doch sind alle miteinander verbunden.

Was noch sehr wichtig für mich ist, ist das Symbol meiner Welt: In dem System, von dem ich komme, gibt es drei bewohnte Welten. Daher das Dreieck. Im Dreieck ein Kreis, der für die Sonne Antares steht, die alle Welten nährt, getragen von einer immerwährenden Mondsichel.

Am Anfang hatte ich viele Haßgefühle, daß ich hier sein muß. Ich fühlte mich vom Storch fallen gelassen, weil das Porto nicht mehr gereicht hatte, um mich an mein wahres Ziel zu bringen. Ich wollte nicht hier sein, ich hatte Lungenkrankheiten, Allergien, Herzkrankheiten. Auf die Welt kommen wollte ich auch nicht, es war eine Kaiserschnittgeburt. Ich war ein Jahr im Krankenhaus, weil mein Herz und meine Lunge mit Wasser gefüllt waren, ich glaube, ich wollte mich selbst ertränken.

Wenn ich manchmal Kinder treffe, die noch mehr wissen, erkenne ich, wieviel ich schon verdrängt habe.

Verbindest du dich bewußt mit Antares?

Ich fühle es immer in mir. Eine Zeit lang habe ich sogar gechannelt, und da hat man mir meinen Namen gesagt. Ich hab ihn in ein Heft geschrieben, es weggepackt und nicht mehr angeschaut. Jahre später hörte ich wieder Stimmen in mir, die mir einen Namen sagten. Ich erinnerte mich plötzlich daran, daß ich schon einmal einen Namen bekommen hatte und kramte das Heft heraus. Es war derselbe Name. Von da an wußte ich, daß dies mein echter Name ist, und benutze ihn immer wieder, wo es geht, zum Beispiel als Computerpaßwort. Er gibt mir das Gefühl, nicht so allein gelassen zu sein. Als meine Mutter dann angefangen hat, sich Channels und spirituelle Meister zu suchen, habe ich sie nur verständnislos angeschaut. "Es gibt doch Gott, was brauchst du da noch Meister?" Es war für mich total verwirrend. Sie riet mir, doch selbst einmal dorthin zu gehen. Ich antwortete ihr, daß ich das nicht brauche, da ich selbst an die Quelle angeschlossen wäre.

Wie geht es dir JETZT, in dieser Form, in diesem Körper, auf dieser Erde?

Ich möchte immer noch viel lieber nach Hause.

Was würdest du brauchen, damit du dich wohler fühlst?

Einen Tritt in den Hintern. Ich weiß zwar, daß ich mit einem Auftrag gekommen bin, er ist aber noch so verschlüsselt, daß ich ihn noch nicht bewußt kenne. Es geht nur ganz langsam voran. Es ist mir auch viel verlorengegangen. Als Kind wußte ich mehr.

Was glaubst du, brauchen die Kinder der Neuen Zeit?

Mir fällt auf, daß ich die Kinder wie Erwachsene behandle. Die Kindersprache fällt dann weg, und die Kinder antworten auch ganz anders. „Mit Kindern arbeiten" ist meiner Meinung nach ein ganz falscher Ausdruck, denn sie arbeiten mit mir, sie wissen noch alles, was ich schon vergessen habe. Ein Kinderzentrum bauen, wo die Erwachsenen hinkommen können, das wäre besser.

Die Eltern sollte man schon in der pränatalen Phase darauf vorbereiten, die Kinder später zu fördern, anzunehmen, und ihren Geist nicht zu unterdrücken.

Wenn die Kinder von der Geburt an sprechen könnten, würden wir Erwachsene vor lauter Erstauen nicht mehr schlafen können. Ich glaube auch, daß sie nur sprechen lernen, weil wir die Telepathie vergessen haben.

Ich habe als Kind, wenn jemandem etwas weh getan hat, spontan die Hände aufgelegt. Und da sagten die Leute dann meistens: "Was tust du denn da, geh weg!"

Und auch diese Dogmen wie „das ist für deinen Körper gut, und das ist nicht gut" und „man geht nicht barfuß" und „man macht dieses nicht und jenes", habe ich nie verstanden. Kinder kennen ihren Körper und seine Bedürfnisse oft viel besser als irgend ein anderer, und man sollte diese nicht unterdrücken.

Ich habe nicht verstanden, daß die meisten Erwachsenen vergessen haben, wie es ist, ein Kind zu sein. Bei manchen Spielen und Fernsehsendungen denke ich mir: Ihr wißt doch selber, daß ihr das als Kinder total blöd gefunden habt. Warum mutet ihr das jetzt euren Kindern zu? Ich kann mich an alles aus meiner Kindheit erinnern, an alle Gefühle, an alles, was ich als Kind immer gehaßt habe. Und darum kann ich nicht verstehen, daß Erwachsene dann selbst so werden wie sie als Kind nie sein wollten.

Ein Beispiel dafür, wie es sein kann, wenn Erwachsene glauben, daß Kinder nicht intelligent sind, nur weil sie klein sind: In dem Hort, in dem ich mal gearbeitet habe, war ein ausländisches Kind. Als Hausaufgabe hatte das Mädchen einen Zettel mit zehn durchnumerierten Kästchen bekommen. Sie sollte zu jeder Zahl eine Anzahl passender Dinge malen, zum Beispiel 1 Blume, 2 Kannen, 3 Teller, 4 Löffel und so weiter. Und sie hat überall nur eine Sache hingemalt, dann ist sie zu dem Betreuer hingegangen und hat es ihm gezeigt. "So was Blödes, kannst überhaupt nichts", sagte er. Und das Kind sagte: "Es ist aber richtig." Und der Mann sagte: "Du mußt überall die richtige Anzahl von Sachen malen." Ich dachte mir, das gibt es nicht, das Kind ist so überzeugt von sich, und ich habe es dann gefragt: "Hör mal, warum bist du dir so sicher, daß das stimmt, was du gemacht hast?" Und da zeigte die Kleine auf die Zahl fünf. Da hatte sie eine Leiter hingemalt, mit fünf Sprossen, und bei der Zahl sechs eine Blume mit sechs Blütenblättern. Das Kind hatte das, was der Betreuer von ihm wollte, anders umgesetzt, aber er war nicht imstande gewesen, das zu erkennen.

Kinder denken oft komplexer, als es ihnen die Erwachsenen zutrauen.

*****

Anmerkung von AVA: Am nächsten Tag bekam Yasmin "ihren Tritt in den Hintern". Eine andere Referentin hatte Kontakt zu Antares, und der "Vater" von Yasmin meldete sich, um ihr eine Botschaft zu übermitteln.

Abschließend möchte ich noch betonen, daß Yasmin eine der Pionierinnen der Kinder der Neuen Zeit ist und sie zu einer Zeit hereinpurzelte, als das Schwingungsfeld von Gaia und somit unser aller Bewußtsein noch viel dichter war. Deshalb hatte sie einen viel schwereren Start als die Kinder, die jetzt kommen. Früher waren diese Kinder die Ausnahme, jetzt sind sie in der "Überzahl". Jetzt ist das Schwingungsfeld von Gaia bereit und somit unser Bewußtsein, diese Kinder zu empfangen und zu erkennen. Jedes einzelne Kind der Neuen Zeit hebt durch seine Anwesenheit die Schwingung des Bewußtseins, und jedes nachkommende hat eine leichtere Ankunft und erhöht wieder die Schwingung des Bewußtseins - und so weiter.

ÜBUNGEN FÜR GROSSE UND KLEINE KINDER

Die nachfolgenden Anregungen kannst du ausbauen und verändern, sie sind als Leitfaden gedacht. Egal, ob du ein Vater, eine Mutter, eine Oma, ein Opa, ein Lehrer, ein Erzieher bist - du kannst die Übungen gemeinsam mit deinem Kind machen, indem du die Anweisungen laut sprichst und das Kind mit einbeziehst. Du kannst dich aber auch im Stillen zuerst mit deinem Hohen Selbst verbinden, dann mit dem Hohen Selbst deines Kindes, und die Übung mit deinem Kind bzw. für dein Kind leise ausführen. Auch das wirkt.

Oder du machst die Übungen nur für dich; auch das beeinflußt dein Umfeld.

Bei allen Übungen, auch bei denen, wo ich es nicht extra sage, empfehle ich dir, dich mit deinem Hohen Selbst (Seelenthron, achtes Chakra etwas oberhalb deines Kronenchakras) zu verbinden. Dadurch erlaubst du dir, dich an dein göttliches Sein anzubinden und stehst unter seinem Schutz und seiner Führung. Je öfter du dein Hohes Selbst anrufst, um so mehr verbindet sich diese Energie mit all deinen fein- und grobstofflichen Ebenen. Das ist letztendlich auch das Ziel unserer Inkarnation.

Die Verbindung erfolgt durch deine klare Absicht. Die Energie folgt immer der Aufmerksamkeit, das heißt, wenn du beschließt, dich mit deinem Hohen Selbst zu verbinden, dann bist du schon mit deinem Hohen Selbst verbunden.

Übungen sind dazu da, um ausprobiert zu werden. Das bezieht sich auch auf die Anregungen in diesem Buch. Wenn du es also nicht tust, wirst du nicht wissen, ob es funktioniert. Und je öfter du eine Übung praktizierst, umso effektiver und umso schneller wirst du sie machen können.

Am Ende der einzelnen Übungen bitte ich dich immer, deine Chakren auf das für dich richtige Maß zu schließen. Das ist deshalb sinnvoll, weil du dich durch die Anregungen öffnest, sozusagen „auf Empfang schaltest", um Energien zu spüren und zu lenken. Durch diesen Hinweis auf das Chakrenschließen stellt sich dein System wieder auf die Energien in deinem Alltag um, wo es sehr sinnvoll ist, diese nicht ungefiltert in deinem Sein aufzunehmen. Das ist ein Ausdruck der Selbstliebe.

Grundsätzlich sollen dir die Übungen, die du für dich oder dein Kind auswählst, Spaß machen. Wenn du dich zu etwas zwingen mußt, dann vergiß es und suche dir lieber etwas aus, was du gerne umsetzt. Das ist wichtig!

ANKOMMEN

Hilarion meinte, daß das Ankommen, die Geburt, ein Fest sei. So als wäre ein Freund lange im Ausland gewesen und komme nun wieder nach Hause. Jeder freut sich auf das Wiedersehen und ist gespannt, wie er sich verändert hat.

Ein wundervoller Empfang ist es zum Beispiel, wenn du dein Kind immer wieder beim Namen rufst und es so auf die Erde "lockst". Du kannst ihn singen oder leise flüstern oder auch laut und deutlich aussprechen. Das ist während der Schwangerschaft bereits möglich und hilft dem neuen Wesen auch, während und nach der Geburt in seinen Körper zu kommen.

Anschließend habe ich noch einige Anregungen zusammengestellt, die das Ankommen unterstützen:

Während der Schwangerschaft ist es eine wunderbare Möglichkeit, die Schwingungsfelder aufeinanderabzustimmen, wenn du dich mit deinem Hohen Selbst verbindest und dich und das Kind mit diesem Licht durchfließen läßt und es bis tief in die Erde hineinflutet.

Zusätzlich zur Energie des Hohen Selbstes kannst du andere Energien einladen, zum Beispiel Gold, und dein gesamtes System und das deines Kindes sowie vor allem deine Gebärmutter und die Verbindung zur Erde damit auffüllen.

Du kannst dich während der Schwangerschaft und nach der Geburt über die Anbindung an dein Hohes Selbst mit dem Hohen Selbst deines Kindes verbinden und kommunizieren. Dabei erfährst du, welche Qualitäten, zum Beispiel Licht, Liebe, Harmonie etc. du ihm zur Verfügung stellen kannst, oder du teilst ihm mit, welche Energien du gerne von seiner Seele erhalten möchtest.

Du kannst dir dann vorstellen, wie diese Qualität vom Hohen Selbst deines Kindes zu deinem Hohen Selbst fließt und in dein System flutet. Oder aber umgekehrt: die Energie fließt von deinem Hohen Selbst über das Hohe Selbst deines Kindes in sein System.

Wenn das Baby geschlüpft ist, ist Körperkontakt meist sehr wichtig, weil es darüber auch Inkarnationserfahrungen der Mutter oder des Vaters aufnimmt, die ihm das Ankommen erleichtern können.

Dem Kind tut es gut, gehalten, getragen und gestreichelt zu werden, weil dies das Vertrauen in das

Leben und in sich selbst nährt.

Auch nach der Geburt braucht das Kind Zeit, seine feinstofflichen Körper im physischen Sein zu ankern. Je besser es ihm hier gefällt, je wohler es sich fühlt, um so leichter fällt ihm das.

Sprich mit deinem Kind, erzähle ihm, was du machst, was du fühlst, was du denkst. Beziehe es mit in dein Leben ein.

Wenn du spazieren gehst, dann lade das *Kleine Volk* (Zwerge, Feen, Elfen) ein, mitzugehen. Kinder lieben es, sich mit diesen Ebenen auszutauschen.

Erlaube deinem Kind, seine Welt zu begreifen, laß es ausprobieren, wie dieses und jenes schmeckt, wie es sich anfühlt. Laß es mit Erde und Wasser spielen. Das hilft ihm auch, in seinen Körper zu kommen.

ZENTRIEREN

Zentrieren bedeutet, alle Bewußtseinsebenen der vier Körper ins Hier und Jetzt zu bringen.

Wenn ich in der Zentrierung bin, bin ich in meiner Kraft, in meinem Frieden und in meiner Gelassenheit. Ich bin in der Position des Beobachters und vollkommen präsent im Augenblick.

Wichtiger als die Technik, ist die Frage: Will ich zentriert sein?

Sehr oft glauben wir, daß, wenn wir zentriert sind, ausgeschlossen, getrennt voneinander sind oder nicht mehr alles mitbekommen, was rund um uns herum geschieht. Möglicherweise würden wir dadurch die Kontrolle verlieren und müßten uns dem Fluß des Lebens anvertrauen. Aufgrund von früheren Prägungen und Erfahrungen fürchten sich einige von uns davor.

Deshalb ist es wichtig, die Ängste vor dem Zentriertsein abzulegen, denn Zentriertsein bedeutet, daß ich wach bin, bewußt bin, und das ist keine Einschränkung, sondern eine Erweiterung meiner Bewußtheit.

Wenn ich im Zusammensein mit meinen Kindern zentriert bin, bedeutet das, daß keine Quängelei, keine Unruhe, kein Toben und Schreien mich aus meiner Mitte, aus meiner Ruhe bringen kann. Dadurch lasse ich mich auch auf keine Machtspielchen ein. Das heißt, die Kommunikation findet nicht über den Solarplexus, sondern über mein Herz statt.

Ich möchte ein praktisches Beispiel dafür geben.
Wenn Antan oder ich Rowena ins Bett bringen, bleiben wir bei ihr, bis sie eingeschlafen ist. Manchmal geht es schnell, manchmal dauert es ein bißchen länger. Wenn ich mir noch etwas vorgenommen habe, dann wünsche ich mir, daß Rowena gleich einschläft. Wenn sie das nicht tut, sich hin- und herdreht, eine Frage stellt, ihre Stofftiere abdeckt und wieder zudeckt, sie noch etwas trinken möchte und dann ihren Schnuller braucht, etc., etc., dann merke ich manchmal, wie es in meinen Solarplexus zu grummeln beginnt, wie ich ungeduldig werde, wie ich mich zu ärgern beginne, daß ich jetzt immer noch hier liege. Wenn ich Rowena in dieser Energie dann schnappe und sage: "So, jetzt ist Schluß! Jetzt ist es aber wirklich Zeit zum Schlafen!", agiere und kommuniziere ich aus meinem Solarplexus. Dann kann es passieren, daß Rowena protestiert und zu weinen beginnt, ich är-

gere mich noch mehr, und sie weint noch mehr. Ich ärgere mich noch viel mehr, und sie weint noch viel mehr - und so schaukelt sich das hoch, jeder fühlt sich unwohl. Das ist ein Machtspiel.

Wenn ich mich vorher, als ich das Grummeln in meinem Solarplexus bemerkt habe, zentriere, auf die Ebene meines Herzens gehe und denselben Satz spreche, ist die Energie, mit denen diese Worte gefüllt sind, eine vollkommen andere. Selbst wenn Rowena zu weinen beginnt, bleibe ich in meiner Ruhe und in meiner Liebe für mich und meine Tochter. Sie wird sich sehr schnell wieder beruhigen, weil sie in meinem Solarplexus keinen Ankerpunkt für ein Hin und Her und Aufschaukeln findet.

Das bedeutet "Solarplexuskommunikation" und "Herzenskommunikation". Wenn ich mich zentriere, kann mich sofort wieder auf die Ebene des Herzens einschwingen, egal in welcher Situation ich mich gerade befinde.

Für die Kinder ist es auch sehr wichtig, daß sie sich zentrieren oder daß sie von uns zentriert werden. Wenn Rowena nach ihrem Mittagsschlaf aufwacht, ist sie meist nicht richtig in ihrem physischen Körper verankert. Dann erden wir sie durch eine kurze Zentrierung. Meist verbindet sich Antan mit ihrem System und zieht ihre Körper sanft ins Hier und Jetzt.

Auch vor dem Einschlafen ist es von Vorteil, die Kinder zu zentrieren, weil sie dann von den Erlebnissen des Tages ins Hier und Jetzt kommen. Dadurch können sie leichter abschalten und einschlafen.

Das Zentriertsein fördert auch die Konzentration, zum Beispiel bei den Hausaufgaben.

Übung:

Entspanne dich, verbinde dich mit der Erde, spüre hinein in die Erde, und dann verbinde dich mit deinem Hohen Selbst.

Dann atme dich auf die Ebene deines Herzens. Stelle dir dein Herz als eine leuchtende, strahlende, glänzende, goldene Kugel vor und atme dich mit all deinem Sein in diese goldene Kugel hinein. Dann beauftrage dich selbst mit der klaren Absicht: Ich zentriere mein physisches Sein vollkommen im Hier und Jetzt. Mache einen tiefen Atemzug und ziehe dabei dein physisches Sein bewußt in die goldene Kugel.

Dann sprich: Ich zentriere mein emotionales Sein vollkommen im Hier und Jetzt. Mache einen tiefen Atemzug und ziehe dabei dein emotionales Sein be-

wußt in die goldene Kugel.

Als nächstes sage: Ich zentriere mein mentales Sein vollkommen im Hier und Jetzt. Mache einen tiefen Atemzug und ziehe dabei dein mentales Sein bewußt in die goldene Kugel.

Dann sprich: Ich zentriere mein spirituelles Sein vollkommen im Hier und Jetzt. Mach einen tiefen Atemzug und ziehe dabei dein spirituelles Sein bewußt in die goldene Kugel.

Sprich: Weil ich es so will, ist es geschehen.

Ich schließe diese Übung gerne damit ab, daß ich mir vorstelle, wie ich alle vier Körperbewußtseine in der goldenen Kugel sammle und mit einem tiefen Atemzug im solaren Kern der Erde verankere.

LICHTSÄULEN

Lichtsäulen können sehr hilfreich sein, um die Energie der Harmonie oder auch des Friedens oder der Liebe in einen Raum gleichmäßig einfließen zu lassen und eignen sich deshalb für Wohnzimmer, Schlafräume, Geburtszimmer, Klassenzimmer, Krankenhäuser, öffentliche Einrichtungen etc.

Übung:

Atme ein und aus und erlaube dir mit jedem Atemzug, ruhiger und ruhiger zu werden. Spüre in deinen Körper und höre deinen Herzschlag, sicher und zuverlässig. Gehe mit der Aufmerksamkeit zur Erde, auf der du sitzt oder liegst, und laß dich tragen. Spüre die Verbindung. Dann gehe mit deinem Bewußtsein zu deinem Hohen Selbst und erlaube deinem Hohen Selbst, durch dich zu fließen, dich aufzufüllen, alle Chakren, alle Körper, und laß es weiter fließen, auch in die Erde hinein.

Dann rufe den grünen Strahl der Heilung, das dunkelblaue Friedenslicht des Christus oder den rosafarbenen Strahl der Liebe, etc.

Nimm die Energie wahr, wie sie auf der Ebene

deines Hohen Selbstes Raum nimmt. Mit jedem Einatmen ziehst du nun die Energie in dein Herz und strömst es beim Ausatmen über dein Herz an den Ort oder in den Raum, in dem du die Lichtsäule errichten möchtest. Du atmest die Energie so lange ein und über dein Herz wieder aus, bis die Lichtsäule das Ausmaß angenommen hat, das du gerne möchtest.

Dann bedankst du dich bei der Energie und entläßt sie über dein Hohes Selbst.

Verbinde dich mit der Erde, zentriere dich und schließe die Chakren auf das jetzt für dich richtige Maß.

Diese Lichtsäule ist nicht fixiert, das heißt, wenn du nicht ab und zu nachflutest, löst sie sich nach einiger Zeit von selbst wieder auf.

Du kannst eine Lichtsäule fixieren, indem du dir vorstellst, daß, nachdem du genug geflutet hast, du durch einen zielgerichteten Gedanken eine liegende goldene Acht auf den Boden in die Mitte deiner Lichtsäule setzt. Diese Lichtsäule löst sich erst wieder vollständig auf, wenn du diese goldene Acht wieder herausgelöst hast, indem du die goldene Acht durch deine klare Absicht wieder zurückziehst und auflöst.

FARBSPIELE ZUM REINIGEN UND AUF-FÜLLEN

Während des Tages kann im chakrischen System ein Ungleichgewicht der Energien entstehen. Wir kommunizieren über unsere Chakren mit anderen Menschen, Wesen, Orten.

Wenn zum Beispiel ein Mensch im Mangel seiner Lebensfreude ist und ich treffe ihn, auch wenn ich ihn gar nicht persönlich kenne, kann es passieren, daß, wenn ich ein sehr offenes, unzentriertes System bin, meine Lebensfreude sozusagen im Vorübergehen in sein System übergeht. Er ist aufgefüllt - ich bin im Mangel. Manchmal äußert sich dieses sofort, indem ich keine Lust mehr auf irgendetwas habe oder plötzlich müde werde.

Kinder sind besonders offene Systeme und "teilen" ihre Farben gerne mit anderen. Das kann dann zu Unruhe, zu Schlafstörungen und dergleichen führen.

Deshalb ist es sehr sinnvoll, sein eigenes System und auch das der Kinder immer wieder auszugleichen.

Die folgende Anregung ist eine wunderbare Möglichkeit, vor dem Einschlafen sein System zu sammeln und aufzufüllen.

Übung:

Atme sanft ein und aus und spüre in deinen Körper. Dann stelle dir eine Wiese oder eine Landschaft vor, die du sehr gerne magst: mit Blumen, Bäumen, Tieren, Sonnenschein. Komme dort an und spüre die Erde unter deinen Füßen, spüre den Wind durch dein Haar streifen. Dann erlaube dir, fließendes, rauschendes Wasser wahrzunehmen, höre es, es ist ganz in deiner Nähe. Finde den Weg und gehe dorthin. Beim Näherkommen entdeckst du, daß es ein ganz besonderer Wasserfall ist, der sich in einem kleinen Becken sammelt und als Fluß weiterfließt. Der Wasserfall wechselt seine Farben und du bist so entzückt darüber, daß du in das angenehm erfrischende Naß hineinspringst. Das Wasser leuchtet in Rot, satt und nährend, und du atmest, trinkst und tankst dich voll mit diesem wunderbar klaren Rot. Du erlaubst dem Rot überall dorthin zu fließen, wo du die Kraft von Rot brauchst, um etwas loszulassen oder um dich aufzufüllen. In allen Körpern, durch alle Chakren fließt das lebendige, rote Wasser. Wenn du voll bist, erkennst du, daß das Wasser seine Farbe geändert hat: Es leuchtet in einem warmen Orange. Nun wiederholst du das Einatmen und Auftanken auf allen Ebenen so, wie zuvor mit der roten Farbe. Danach folgt ein strahlendes Gelb, dann ein frisches Grün, ein helles Blau, ein dunkles Blau und ein beruhigendes Violett. Du kannst die Übung erweitern durch ein klärendes Weiß, ein liebevolles Rosa und/oder durch ein glänzendes Gold.

Anschließend bedankst du dich bei allen Energien und verläßt das Wasser, kannst die Sonne noch auf deiner Haut genießen und gehst über deine Wiese bzw. Landschaft mit deinem Bewußtsein wieder zurück in deinen physischen Körper.

Du kannst diese Farbübungen mit allem machen, was dir einfällt. So kannst du dir auch vorstellen, daß du nach einer kurzen Entspannung in eine kosmische Eisdiele kommst und dort leckeres, kräftig rotes Himbeereis auf der Zunge zergehen läßt und über dieses Bild deinem System die Schwingung von Rot zur Verfügung stellst. Und bei jeder Farbe kreierst du dir eine Lieblingseissorte.

Übung:

Wenn du mal Zeit und Lust auf Bewegung hast, kannst du die einzelnen Farben auch tanzen und dich dabei auffüllen. Suche dir zuerst eine passende Musik für Rot, Orange, Gelb, Grün, Hellblau, Dunkelblau und Violett aus, und dann tanze über den Regenbogen.

POLDI, das Chakraputzhuhn

Ich lernte Poldi kennen, als wir in unserem Wohnzimmer mit ein paar lieben Lichtgeschwistern einen Meditationsabend hatten. Zur Einstimmung gingen wir unsere Chakren durch, um sie ein bißchen durchzuklären und in Fluß zu bringen. Da stand Poldi vor mir und stellte sich als Chakraputzhuhn vor. Sie war größer als alle Hühner, die ich bis jetzt gesehen hatte und, angetan mit Federwisch und Schürze, bereit, mich durch die Ebenen meiner Chakren zu begleiten und dort "Hausputz" zu machen. Sie schwenkte ihren Staubwedel, und manchmal plusterte sie ihre Federn auf und öffnete ihre Flügel, damit sie noch mehr Staubkörner aus meinem System werfen konnte. Dabei gackerte sie aufgeregt. Einige Male kitzelte sie mich auch mit ihrem Gefieder, und ich mußte lachen.

Ich habe dieses als eine so köstliche Art der Chakrenreinigung empfunden, daß ich Poldi gerne weiterempfehlen möchte. Sie ist wahrlich eine "Perle" unter den Putzhühnern.

Übung:

Zentriere dich, verbinde dich mit der Erde, entspanne dich, verbinde dich mit deinem Hohen Selbst, rufe Poldi, und los geht's. Laß sie von Chakra zu Chakra flattern und genieße den Frühjahrsputz in deinem System.

Zum Schluß bedankst du dich bei Poldi, lobst Poldi und entläßt sie. Und dich verbindest du wieder mit der Erde, spürst in diese Verbindung hinein, spürst den Austausch zwischen dir und der Erde und bittest deine Chakren, sich auf das jetzt für dich angenehme Maß zu schließen.

JUMBO, der perlmuttschimmernde Elefant

Bei den Meditationen mit Wesenheiten von Andromeda tauchten immer wieder Elefanten auf, um Botschaften zu übermitteln. Elefanten kommen von Andromeda und hüten sehr viel Wissen der Shekainakraft auf der Erde. Durch diese Kommunikation entstand die nächste Übung.

Übung:

Zentriere dich, atme tief ein und aus, spüre in deinen Bauch, wie er sich senkt und hebt, spüre die Kraft in deinem Bauch, verbinde dich mit der Erde, verbinde dich mit deinem Hohen Selbst. Und dann gehe in dein Herz, stelle dir dein Herz als Raum vor und mache es dir dort bequem. Dann finde eine Tür, durch die du in einen tollen Garten gehst, mit duftenden Blumen, mächtigen Bäumen, Vogelgezwitscher und vielem mehr. Sieh dich einfach um, was du noch entdeckst, berühre die Erde, berühre die Rinde der Bäume, die Steine - erlebe deinen inneren Garten mit all deinen Sinnen. Dann suche dir einen Platz, wo du dich wohlfühlst, und mache es dir in deinem inneren Garten bequem.

Nimm wahr, wie eine perlmuttschillernde, freundliche Gestalt auf dich zukommt. Es ist ein Elefant, der dich herzlich begrüßt. Es ist ein besonderer Elefant, denn er kann seinen Rüssel wie einen Staubsauger verwenden und ihn an deinen Chakren oder an deinen Körpern ansetzen und all die Verstaubungen, Krümel oder sonstigen Flecken und dergleichen herauslösen. Er zieht diese Energien in seine goldene Lebensmitte, in seinen Bauchraum, wo sie durch die Kraft des goldenen Lichts transformiert werden und zu leuchten beginnen. Jumbo rüsselt durch dein System und reinigt es von oben bis unten.

Wenn dein System glänzt und strahlt, setzt der Elefant seinen Rüssel an deinem Solarplexus an, nimmt einen tiefen Atemzug und bläst dir die goldentransformierte Energie aus seiner Lebensmitte in deinen Solarplexus zurück. Von dort aus verteilt sich die erfrischende, glitzernde und funkelnde Energie dorthin, wo du sie benötigst, und füllt dein System auf.

Gut, nun kannst du dich bei Jumbo bedanken und ihm ein paar Erdnüsse schenken. Er umrüsselt dich nochmals liebevoll zum Abschied und geht wieder.

Du kannst nochmals deinen inneren Garten genießen, dich umsehen, die Sonne einatmen, die Erde befühlen, und dann komme wieder in deinen Herzensraum, von wo aus du deine Reise begonnen hast.

Nimm diesen Raum mit all deinen Sinnen wahr. Bringe dich vollständig ins Hier und Jetzt zurück. Erde dich, zentriere dich und schließe die Chakren auf das für dich jetzt richtige Maß.

ENGEL

Jeder Mensch hat einen Schutzengel. Bereits während der Schwangerschaft kann man den Schutzengel des Kindes bitten, es zu begleiten und ihm Energien zur Verfügung zu stellen, die es braucht. Man kann mit diesem Schutzengel auch kommunizieren und ihn fragen, was man selbst für das Kind tun kann.

Auch bei Schulkindern kann man den Schutzengel beauftragen, auf das Kind zu achten, es zu begleiten und es zu beschützen.

Die Schutzengel einzubeziehen ist für Lehrer, Krankenschwestern und dergleichen eine wunderbare Bereicherung im Umgang mit Kindern.

So kann man den Engel des Friedens beauftragen, im Klassenzimmer für die Dauer eines Jahres, eines Monats oder eines Tages Raum zu nehmen, um seine Energie allen Wesenheiten, die sich während dieser Zeit in dem Raum aufhalten, zur Verfügung zu stellen.

Jedes Mal, wenn du an diesen Engel denkst, lädst du ihn neu ein, und die Energie verstärkt sich.

Wir laden die Engel sehr gerne vor dem Schlafengehen ein. Wenn wir Rowena ins Bett bringen, rufen wir oft den Engel der Harmonie, den Engel der Freude und/oder den Engel der Liebe, um sie auf ihrer Reise in der Nacht zu begleiten und sie auch wieder sanft und freudig am nächsten Morgen mit allen ihren Körpern zurückzubringen.

Engel können bei jedem Anlaß mit einbezogen und beauftragt werden. Und es ist auch wunderbar, die Kinder sehr früh schon zu motivieren, dieses selbst zu tun.

Übung:

Mache es dir bequem, atme tief durch, bringe dich mit deiner Aufmerksamkeit vollkommen ins Hier und Jetzt, spüre deinen Körper, wie er liegt oder sitzt, spüre die Verbindung zur Erde und ihre Liebe und Kraft, die dich durchströmt. Verbinde dich mit deinem Hohen Selbst.
Nun rufe deinen Schutzengel oder den Schutzengel deines Kindes oder den Engel des Friedens oder sonst einen Engel, den du gerne bei dir haben möchtest.

Nimm wahr, wie er Raum nimmt.

Frage ihn, was du wissen möchtest. Etwa: Was kann ich mir Gutes tun? Was kann ich meinem Sohn/ meiner Tochter Gutes tun? Lausche seiner Antwort.

Oder beauftrage ihn klar und deutlich wie folgt: Ich rufe dich, Engel des Friedens, und beauftrage dich, in diesem Raum für die Dauer von einem Monat ab jetzt zu sein und zu wirken, deine Energien allen Wesenheiten zur Verfügung zu stellen, die hier ein- und ausgehen, zum Wohle des Kollektivs.

Zum Schluß danke wieder allen Energien und entlasse sie in das fröhliche Tun. Dann verbindest du dich wieder mit der Erde, holst alle Körper ins Hier und Jetzt zurück und schließt deine Chakren auf das für dich jetzt richtige Maß.

HYPERBOREA

In vielen Einzelsitzungen hat Hilarion immer wieder angeregt, daß sich die Menschen selbst oder ihre Kinder mit dem Wasser der Zweiten Welt verbinden sollten.

Hyperborea wird auch die Zweite Welt genannt, die vor Atlantis und Lemurien auf Gaia war. Zu dieser Zeit gab es ein dunkelgrünes Wasser, das "zähflüssiger" als unser jetziges Wasser war. Dieses "Urwasser" hatte eine sehr starke Heilschwingung, und viele Wesenheiten aus diesem Universum kamen, um sich in diesen Quellen zu erfrischen und zu erholen. Als die galaktischen Kriege auch auf Gaia immer mehr Raum nahmen, wurden diese Quellen der Zweiten Welt versiegelt.

Jetzt können wir diese Siegel wieder lösen und die Quellen ins Fließen bringen. Das bedeutet auch, daß sich unser Wasser wieder mit den Ebenen des hyperboreanischen Wassers verbinden kann und dadurch die eigene Schwingung verändern wird.

In unserer Innsbrucker Nordkette sind sieben Wasser der Zweiten Welt - Quellen, die wir mit Hilfe von Sternengeschwistern vor einiger Zeit aktivierten und mit unseren Gewässern verbunden haben und immer wieder verbinden.

Die Energie von Hypberborea hilft, tiefe Trennungsenergien zu erlösen und verändert auch die Schwingung von dreidimensionalen Körpern.

Nada bat uns vor einigen Jahren durch den Kanal von Michael, unsere Gebärmutter mit dem Wasser der Zweiten Welt zu fluten, damit sie bereit würde für die Empfängnis von „fünfdimensionalen" Kindern. Das ist meiner Meinung nach eine andere Bezeichnung für die Kinder der Neuen Zeit.

Sie empfahl uns auch, diese Energie zu nutzen, wenn sich Kinder auf diesem Erdenstein nicht zu Hause fühlen würden, indem wir ihnen das Wasser der Zweiten Welt zur Verfügung stellen und sie damit einhüllen.

Auch um Kinder zu "erden", finde ich dieses eine wunderbare Möglichkeit, sich mit dem Wasser zu verbinden und sie damit zu umfluten.

Die Verbindung zu dem Wasser der Zweiten Welt kann über einen energetisierten dunkelgrünen Jadestein bzw. Turmalin erfolgen, über die Energie von Dwjal Khul, über die Hüterin der Quellen in unserer Nordkette, die Muriel heißt, oder einfach indem man sich direkt mit der Energie, mit der Ebene des Wassers der Zweiten Welt verbindet.

Übung:

Zentriere dich, entspanne dich auf deine eigene Art und Weise und verbinde dich mit der Erde und mit deinem Hohen Selbst.

Dann bitte entweder Dwjal Khul im Fokus des Wassers der Zweiten Welt auf die Ebene deines Hohen Selbstes oder direkt auf die Energie des hyperboreanischen Wassers und dann erlaube, daß es über dein Hohes Selbst, über deinen chakrischen Kanal fließt und alle deine Körper und alle deine Ebenen berührt und durchfließt. Und überall dort, wo du in der Trennung oder im Schmerz bist (auch auf der physischen Ebene), dort lenke dieses Wasser hin und erlaube, daß Heilung und Einheit Raum nehmen auf allen deinen Seinsebenen. Und über deine Verbindung zur Erde fließt auch dort die Energie von Hyperborea ein.

Dann kannst du dir vorstellen, wie über deine geöffneten Handchakren oder dein Herz die Energie zu deinem Kind fließt und du es mit dieser Energie einhüllst und es sich damit voll machen kann, wenn es dieses möchte.

Wenn du das Gefühl hast, daß es genug ist, bedanke dich bei der Energie und entlasse sie wieder aus deinem System.

Dann werde dir der Verbindung zur Erde wieder bewußt, zentriere dich im Hier und Jetzt und bitte deine Chakren wieder, sich auf das für dich richtige Maß zu schließen.

Übung:

Bitte zentriere dich wieder, entspanne dich, verbinde dich mit der Erde und mit deinem Hohen Selbst.

Dann erlaube dir, mit der Unterstützung deines Hohen Selbst zur Nordkette in Innsbruck zu reisen und rufe dort Muriel und bitte sie um Einlaß.

Sie wird dir erscheinen und dich in das Gebirge hineinführen und zu den Quellen bringen. Dort kannst du dich hineinsetzen und dich ganz voll mit der Energie des Wassers machen.

Deine Kinder können dich zu den Quellen begleiten, und ihr könnt gemeinsam darin baden und euch erfrischen.

Dann bedankst du dich wieder und Muriel begleitet dich hinaus.

Du kommst vollständig in deinen Körper zurück, bringst alle Ebenen ins Hier und Jetzt, spürst wieder die Verbindung zur Erde. Und auch dann bittest du deine Chakren, sich auf das für dich jetzt angenehme Maß zu schließen.

Die mit dem Wasser der Zweiten Welt energetisierten Steine (dunkelgrüne Jade und dunkelgrüner Turmalin) können auch ins Wasser gelegt werden, das du trinkst oder in dem du badest.

MORPHOGENETISCHES FELD

Alle, die wir hier auf diesem Erdenstern sind, sind angebunden an das morphogenetische Feld, das sich über den gesamten Erdenstern spannt. Dieses ist ein "Kollektivbewußtsein", das genährt und geprägt wird durch unsere Gedanken und emotionalen Aussendungen. Unsere (kollektiven) Überzeugungen und Glaubenssätze sind dort gespeichert. Wir bestätigen diese Energien meist immer wieder durch Erfahrungen, die wir kreieren. Die daraus entstehenden persönlichen Glaubenssätze und Programmierungen fließen dann wieder zurück ins morphogenetische Feld und festigen dort die vorherrschende Meinung.

In unserem jetzigen morphogenetischen Feld ist zum Beispiel noch verankert, daß unser physischer Körper altert, daß Geburten meist schmerzhaft sind und dergleichen.

Unsere Systeme reagieren auf diese Impulse, setzen sie um, bestätigen diese Überzeugungen und verstärken sie.

Wir alle (auch die Kinder der Neuen Zeit!) haben in unserer DNS noch Siegelungen. Wir erdachten uns diese Versiegelungen zum Teil in Atlantis, damit wir das Spiel der Dualität wirklich mit allen Konsequenzen und der nötigen Intensität kreieren konnten.

Ich denke, wir haben dieses Spiel der Trennung sehr gut gespielt, es war ein vollkommener Plan. Und wir waren alle, die wir hier sind, damit einverstanden, egal ob wir auf der "Täter-" oder "Opferseite" mitgestaltet haben.

Die Überzeugungen, die im morphogentischen Feld gespeichert sind, spiegeln unser versiegeltes Sein wider. Es sind Glaubenssätze, die die Energie der Trennung aufrechterhalten möchten.

Das ist wichtig gewesen, damit wir uns in dieser Dichte überhaupt erfahren konnten. Jetzt, da wir uns entschlossen haben, die fünfte Dimension hier auf der Erde gemeinsam mit Gaia zu verankern, werden die Schleier der Trennung mehr und mehr von uns abfallen. Die Siegelungen werden sich alle lösen. Wir werden ALLE unsere Zwölf-Strang DNS wieder öffnen, und als Folge wird sich auch das morphogenetische Feld stark verändern.

In diesem fünfdimensionalen morphogentischen Feld werden keine Krankheiten mehr gespeichert sein, physische Unsterblichkeit wird für alle Menschen normal sein.

Jetzt sind wir in der Zeit des Umbruchs. Das "alte" morphogenetische Feld ist uns noch sehr vertraut, das "neue" noch nicht verankert. Trotzdem, oder gerade deshalb, ist es wichtig, mit dem morphogenetischen Feld zu arbeiten. Wenn wir zum Beispiel eine Disharmonie, die letztendlich, egal wie und auf welcher Ebene sie sich äußert, nichts weiter als ein Mangel an Liebe ist, auflösen können, sollten wir diese befreite Energie bewußt ins morphogenetische Feld einspeisen. So können andere Menschen, die eine ähnliche Disharmonie kreiert haben, unser Wissen über die Auflösung durch die Anbindung an das "Kollektivbewußtsein" empfangen und für sich nutzen.

Die befreite Energie sollten wir auch in den solaren Kern der Erde einfluten lassen. Auch über diese Ebene sind wir alle miteinander verbunden. Dieser solare Kern ist auch ein Kollektivbewußtsein, das sich meiner Wahrnehmung nach in der Erde befindet und über den andere unser Wissen abrufen und nutzen können.

Die Kinder der Neuen Zeit sind auch angebunden an das morphogenetische Feld. Energien wie Milchschorf, Blähungen, schmerzendes Zahnen etc. laufen über das Kollektivbewußtsein in die Systeme der Kinder und in unsere Systeme. Viele unserer Kinder erhalten so die Information, daß es üblich ist, daß Babys Blähungen zu haben. Dieses wird noch verstärkt durch unseren eigenen Glauben, der ebenfalls der Meinung ist, daß dieses zum Babysein dazugehört. Darum ist es auch kein Wunder, daß tatsächlich so viele Babys Verdauungsturbulenzen haben. Durch unsere Überzeugung kreieren wir uns unsere Wirklichkeit.

Wir bringen, wenn wir inkarnieren, Erfahrungswissen auf allen Ebenen mit und über das morphogenetische Feld werden bestimmte Erinnerungsspeicher geöffnet. Wenn ich zum Beispiel zu einem bestimmten Thema viele Erfahrungen gesammelt habe, bringe ich eine große Affinität mit, dieses zu wiederholen. Ist mein Speicher jedoch leer oder ich muß gar erst einen neuen anlegen, kann ich Veränderungen viel schneller annehmen und zulassen.

Wir konnten dieses bei unseren Kindern sehr gut beobachten. Jona hat sich die Erfahrung des Milchschorfes angelacht. Wir haben ihm sehr viel Heilungs- und Lösungsenergie zur Verfügung gestellt, die er meist nicht annehmen wollte, weil er davon überzeugt ist, daß dieses einfach zum Babysein gehört. Er hat dieses Wissen in seiner Körperebene gespeichert.

Rowena, die aufgrund ihrer Erstinkarnation nicht zellulär "vorbelastet" ist, konnte mit einer kleinen energetischen Unterstützung sehr leicht zahnen. Jona mußten wir hingegen viel intensiver und konsequenter immer wieder behilflich sein, nicht in die Überzeugung des Schmerzes hineinzufallen.

Als Rowena den Anflug einer Trotzphase bekam, sprach die geistige Welt direkt mit ihr und bat sie, nicht auf die Zuspielungen des morphogenetischen Feldes einzusteigen. Sie brauche das nicht, und es verflog tatsächlich innerhalb einiger Tage.

Ich bin auch davon überzeugt, daß Lebensphasen wie Pubertät und Wechseljahre im fünfdimensionalen morphogentischen Feld nicht mehr verankert sein werden.

Der folgende Auszug aus einer Einzelsitzung faßt den Einfluß des morphogenetischen Feldes nochmals zusammen und gibt uns ein verständliches Bild, wie wir uns aus dem Kollektivbewußtsein ausklinken können, um ein neues zu bilden.

Übung mit Hilarion:

Für das Bild des morphogenetischen Feldes kannst du dir eine Schalttafel vorstellen, wie bei einer Telefonvermittlungszentrale. Du hast unzählige Stecker in dieser Schalttafel. Das ist auch nötig, wenn du hier inkarniert bist. Das bindet dich an ein kollektives Empfinden und du erzeugst mit jedem Gedanken, mit jedem Gefühl, das morphogenetische Feld mit. Nun geht es darum, daß du dir vorstellst, daß sich bei der Umstrukturierung während des Aufstiegsprozesses der Erde dieses morphogenetische Feld verändern darf und muß, das heißt, daß hier die Informationen von Krankheit nicht mehr vorhanden sind, weil ihr es nicht mehr brauchen werdet, über eure Körper, über Krankheiten zu lernen. Stell dir eine zweite Schalttafel vor, wo diese neuen Verbindungen zu diesem neuen morphogenetischen Feld hergestellt werden, wo dieses Krankheitsbild bzw. das Thema, das du lösen möchtest, nicht mehr vorhanden ist. Dann stelle dir vor, daß du (oder dein Kind) eine Verbindung zu dieser Tafel hast, irgendwo führt aus deinem/seinem System eine Verbindung, ein "Kabel", in die alte Schalttafel. Suche den Stecker, ziehe ihn heraus und stecke ihn in die neue Schalttafel – mit dem Ergebnis, daß du/(es) den Informationsfluß über deine/(seine)

Krankheit lernen zu müssen, unterbrichst und veränderst. Du wirst merken, daß du dieses eine gewisse Zeit wiederholen mußt, denn du/(es) wirst den Stecker wieder aus der neuen Schalttafel nehmen und in die alte zurückgeben, einfach weil es eure Systeme so gewohnt sind.

Diese Übung haben wir auch mit Rowena und Jona beim Zahnen gemacht und sie aus der alten Schalttafelüberzeugung, daß Zahnen schmerzen muß, herausgelöst. Wir verbanden die Kinder bewußt mit der neuen Schalttafel und der Information, daß ihre Zähne in Leichtigkeit und Sanftheit schlüpfen können.

Doch auch Antan und ich nehmen dieses Bild der "alten" und der "neuen" Schalttafel und empfehlen es großen Erdensternenkindern weiter. Zum Beispiel bei verstaubten Überzeugungen wie etwa, daß der Körper altern muß, daß wir über Krankheiten und/oder Leiden lernen müssen, aber auch für die Lösung von Glaubenssätzen wie Geld muß man sich (hart) verdienen.

DELPHINMEDITATION

Delphine sind Botschafter von Sirius und haben meines Wissens auch eine Verbindung zu den Plejaden. Es gibt Menschen unter uns, die sehr enge Verbindungen zu diesen Sternenwesen haben. Sie sind auch als Delphin inkarniert gewesen und bringen diese Erinnerung mit in ihr Menschsein.

Kinder haben oft einen besonderen Zugang zu Delphinen, weil sie ihnen helfen, ihre Schwingung und ihre Erinnerung an ihre Sternenherkunft wachzuhalten.

Den größeren Kindern sind unsere Geschwister des Meeres behilflich, sich an sich selbst zu erinnern.

Übung: Delphinreise

Mache es dir bequem. Erlaube dir, daß du dich mit jedem Atemzug mehr und mehr entspannst. Laß deine Alltagsgedanken und Erlebnisse auf kleinen, rosaroten Wölkchen davonfliegen. Komme mit all deinen Körpern im Hier und Jetzt an, sei präsent. Spüre die Verbindung zu Mutter Erde, die dich nährt und trägt. Erinnere dich an dein Hohes Selbst und gehe mit deiner Aufmerksamkeit auf die Ebene des achten Chakras. Spüre die Liebe, die dort auf dich wartet, und erlaube dieser Liebe, einzufließen in dein Sein und all deine Chakren, all deine Körper zu durchfluten, und laß sie auch in die Erde strömen.

Nun erlaube dir, in deiner inneren Welt zu einem Strand zu reisen, an dem du dich absolut wohl fühlst. Male ihn dir aus so farbenprächtig du kannst: Wie sieht er aus? Ist der Boden sandig oder aus schwarzem Lavagestein? Sind Pflanzen dort? Tiere? Andere Wesen?

Genieße den Duft deines Ortes und den sanften Wind. Atme diesen Ort in jede Faser deines Seins und erlaube, daß sich in dir mehr und mehr Ruhe und Frieden ausbreiten.

Blicke hinaus auf das Meer und nimm das Spiel der Wellen wahr.

Nach einer Weile entdeckst du eine Familie springender Delphine. Du beobachtest sie und bemerkst, daß sich einer der Delphine von seiner Gruppe löst und auf dich zuschwimmt. Du spürst oder weißt, daß er dich einlädt, hineinzukommen in das Wasser und mit ihm auf die Reise zu gehen.

Du läßt dich in das Wasser gleiten und kommst dem Delphin entgegen. Ihr begrüßt euch und umtanzt euch. Du hältst dich an seiner Schwanzflosse fest, und er flitzt durch das Meer. Du genießt es und spürst, wie du leicht und frei bist.

Nach einer Weile bringt dich der Delphin zu einer Grotte. Ihr schwimmt hinein, und du betrachtest staunend die hell erleuchtete Kristallhöhle. Du nimmst das smaragdgrüne, rosa und türkisgrüne Strahlen wahr. Sieh dich um. Spürst du die Energie der Liebe?

Du steigst aus dem Meer und siehst dich näher in der Grotte um. Du nimmst wahr, daß Lichtwesen aus den Ebenen von Sirius dort sind und auf dich zukommen, um dich zu begrüßen.

Und auch Aquala Awala als Botschafterin der Plejaden mit ihrer ewig fließenden Liebe, ist anwesend und heißt dich willkommen.

Die Lichtwesen führen dich tiefer hinein in die Grotte und bringen dich zu einem unterirdischen See, der perlmutteartig schimmert. Sie laden dich ein, hineinzutauchen in dieses Heilige Wasser. Alles, was dich belastet, was dich von deinem göttlichen Ausdruck abhält, kannst du hier transformieren. Alle Körperebenen, alle Chakren, alle Zellebenen werden durchflutet und erlichtet. Mehr und mehr Liebe nimmt Raum auf allen Ebenen deines Seins. Diese Liebe erfüllt dich, und diese Liebe fließt über, und du kannst sie allen Menschen und allen Wesen schicken, die dir gerade in den Sinn kommen.

- Pause -

Zum Abschluß hülle unseren ganzen Erdenstern in diese Liebe ein und stelle sie allen Wesenheiten zur Verfügung.

Atme Liebe und tanke dich voll mit Liebe.

Dann bedanke dich bei der Kraft des Heiligen Wassers und steige wieder heraus. Deine Lichtfreunde warten auf dich und bringen dich wieder zurück an die Stelle im Meer, wo dein Delphin bereits auf dich wartet, um dich nach Hause zu bringen.

Bedanke dich auch bei den Wesen von Sirius und Aquala Awala. Nimm deinen Delphinfreund wahr und gleite wieder in das Wasser. Halte dich bei seiner Rückenflosse fest, und, schnell wie der Wind, trägt er dich wieder hinaus ins offene Meer. Er bringt dich wieder zurück an den Strand, von dem du gekommen bist. Ihr knuddelt euch noch einmal und du bedankst dich auch bei ihm und verläßt das Wasser.

Am Strand kannst du dich in die Sonne legen und die Energie der Liebe nachspüren. Atme. Atme die Liebe ein und aus.

- Pause -

Dann löse dich langsam aus deiner inneren Welt. Werde dir deines physischen Körpers ganz bewußt. Hole alle deine Körper ins Hier und Jetzt zurück. Dehne und strecke dich sanft, öffne die Augen. Werde dir der Verbindung zur Erde bewußt und erteile deinen Chakren den Auftrag, sich auf das für dich jetzt angenehme Maß zu schließen.

LOB

Wir können uns selbst gar nicht genug loben und liebhaben, und wir können auch unsere Kinder nicht genug loben und liebhaben. Die Kraft des Lobes motiviert, öffnet, schafft Vertrauen in die eigene Kraft, in die eigene Unendlichkeit und die eigene Göttlichkeit.

Du wirst erstaunt sein, was die Energie des Lobes alles bewirken kann und wird.

Übung:

Lobe dich selbst, deine Kinder, deinen Partner, alle Menschen in deiner Umgebung MINDESTENS einmal am Tag!

INNERES KIND

Andonella betonte mehrmals, wie wichtig der Kontakt zum Inneren Kind im Zusammenleben mit den äußeren Kindern ist und hat mich gebeten, folgende Übung weiterzugeben.

Übung: Schlaraffenland

Entspanne dich, verbinde dich mit der Erde und mit deinem Hohen Selbst. Dann gehe mit deiner Aufmerksamkeit in deinen Solarplexus und stelle dir diese Ebene als gelb strahlenden Raum vor, richte und gestalte ihn dir ganz bequem und gemütlich, mit Sessel, Büchern, Bildern, Pflanzen, einem Bett oder was auch immer dein Herz begehrt. Genieße deinen Raum.

Dann gestalte dir dein besonderes Flugobjekt, denn du gehst jetzt auf eine Reise jenseits von Zeit und Raum, in ein wunderbares Land, in das Schlaraffenland, und dazu brauchst du das nötige Gefährt. Dieses kann ein fliegender Teppich, ein Heißluftballon, ein Besen oder ein Flugschiff, ein Ufo, ein Pegasus, oder was dir sonst noch in den Sinn kommt, sein.

Dann betrachtest du dir dein Reisefahrzeug, schwingst dich darauf und fliegst durch ein Fenster deines Raumes hinaus. Jetzt geht es über Städte, Flüsse, Länder, Berge, Seen und vieles mehr – all das kannst du betrachten und von oben bewundern.

Nach einiger Zeit siehst du in der Ferne eine leuchtende Stadt, die dich magisch anzieht, und du fliegst darauf zu und landest sanft.

Auf einem großen Schild steht in bunten Lettern: Herzlich Willkommen im Schlaraffenland.

Hurra, denkst du dir, da wollte ich immer schon einmal hin, und du siehst dich um. Die Häuser sind aus Marzipan und Lebkuchen, in den Bäumen hängen Schokoladenbonbons und Kaugummis, in den Flüssen fließen Himbeersaft und Milch mit Honig. Die Menschen sind fröhlich, singen, lachen, tanzen. Sie laden dich ein, mit ihnen gemeinsam zu springen und mit ihnen zu genießen.

Sieh dich weiter um, was erkennst du noch, wovon möchtest du probieren, wonach riecht es, was möchtest du spielen?

Lache und lege dich ins Gras und schaue den Wolken zu. Tue, was dir Spaß macht und was du immer schon einmal ausprobieren wolltest: Tauchen, Segeln, Fallschirmspringen, in der Hängematte schaukeln.

Erkenne die Weite und die Unbegrenztheit der Möglichkeiten.

Fülle dich voll mit Liebe, Licht, Freude, Heilung, Frieden und Lachen. Trinke die Energie, atme die Energie. Alles ist im Überfluß vorhanden.

Du hast jetzt noch ein bißchen Zeit für dich und dein Schlaraffenland, um es weiter zu erkunden, was es für dich bereit hält - genieße es. Erschaffe dir alles, was dich glücklich macht, worüber du dich freuen kannst, und was du am Leben liebst.

Atme die Energien ein - tanke dich nochmals voll in jeder Zelle deines Körpers. Erlaube dir, die Energie der Freude, der Liebe, des Lachens mitzubringen, auch wenn du jetzt wieder dein Fluggerät entdeckst und aufspringst und dich auf die Heimreise machst. Nimm Abschied von den Menschen und winke ihnen zu, während du höher- und höhersteigst. In Windeseile gleitest du wieder über Täler, Flüsse, Berge, Städte und andere Landschaften - bis du wieder zurückkommst in deinen gelben Raum.

Hier kannst du dich in einen Sessel werfen und die Beine auf den Tisch legen. Laß deine Reise noch einmal Revue passieren und erinnere dich an die Energie, die du mitgebracht hast - das Lachen, die Liebe, die Leichtigkeit - und erlaube, daß sie aus deinem gelben Raum ausstrahlt und alle anderen Räume und Ebenen deines Seins durchdringt. Spüre, wie dein System die Energie gerne annimmt und vielleicht zu kribbeln beginnt. Stell dir vor, wie diese Energie auch über dein System hinausfließt und die Menschen berührt, die in deiner Nähe sind, und dehne die Energie noch weiter aus, bis der gesamte Erdenstern damit eingehüllt wird. Atme sie auch tief in die Erde hinein bis zum solaren Kern der Erde, und lasse sie auch weit hinaus in den Kosmos strahlen, zu anderen Völkern und Planeten. Alle sollen teilhaben an der Energie der Freude, der Liebe und der Leichtigkeit.

Nach einiger Zeit gehe mit deiner Aufmerksamkeit wieder zurück in deinen gelben Raum. Dort verbinde dich ganz fest mit der Erde, hole dich ins Hier und Jetzt zurück, zentriere deine Körper und schließe deine Chakren auf das jetzt für dich richtige Maß.

Diese Übung ist eine wunderbare Möglichkeit, um in den Kontakt mit eurem Inneren Kind, mit eurem verspielten Teil, zu kommen, und dieser Teil in euch ist eine wunderbare Brücke zu den Kindern der Neuen Zeit.

EINE GESCHICHTE

Da das Innere Kind Geschichten genau so liebt wie das äußere, möchte ich die folgende gerne mit euch teilen:

Es war einmal vor langer, langer Zeit, als viele Pflanzen und Gemüsesorten in die Manifestation gerufen wurden, hier auf diesem Erdenstern Raum zu nehmen. Es herrschte ein hektisches Treiben hier auf Gaia. Engel, Sternenwesen und Raumgeschwister - sie alle waren damit beschäftigt, den Pflanzengeschwistern ihren Namen zu geben und ihnen ihre Aufgaben mitzuteilen. Bald sproß und wuchs auf Gaia eine Vielzahl von Wesenheiten aus der Erde heraus: der Efeu, der grüne Salat, der Kirschbaum, die Ringelblume, die Radieschen und und und.

Eines schönen Tages gingen Engel des orangefarbenen Strahls spazieren. Der Engel der Freude, der Engel des Lachens und der Engel des Humors. Da sahen sie in einem kleinen Erdwinkel kugelförmige, traurige Wesen liegen. In der allgemeinen Hektik hatte man sie übersehen und ihnen keinen Lebenssinn zugeordnet.

Die Engel erkannten sofort ihre Aufgabe, schlossen sich über den orangefarbenen Strahl zusammen und ließen Freude, Lachen und Humor in die kleinen Wesen einfließen. Diese spürten sogleich die Energieübertragung, und ihre Auren begannen zu leuchten, ihre Körper begannen zu vibrieren, und sie mußten kichern, denn es kitzelte so. Die Engel waren zufrieden und sprachen: "Von heute an sollt ihr den Namen Kichererbsen tragen, und ihr seid mit unserem orangefarbenen Strahl verbunden. Ihr habt den Auftrag, euch über das Antlitz von Gaia zu verteilen, um Lachen, Freude und Kichern zu verbreiten."

Die Kichererbsen waren stolz auf ihre Aufgabe und machten sich sehr gewissenhaft ans Werk, diese zu erfüllen. Bald waren sie im ganzen Universum beliebte Gäste (auch auf dem intergalaktischen Speiseplan), denn ihre Schwingung übertrug sich unmittelbar auf die Wesen, die mit ihnen in Berührung kamen.

Aufgrund unseres erwählten Evolutionsplanes kam dann eines wunderschönen Tages auch für die Kichererbsen die Zeit, in der sie ihr Kichern vergaßen - aber das ist eine andere Geschichte.

Nun ist es Antan und mir gelungen, erwachte Kichererbsen zu finden, die uns diese Geschichte erzählt haben, und mit ihrer Hilfe konnten wir die Anbindung an den orangefarbenen Strahl erneuern.

Mittlerweile ist die Menschheit reif, daß wir dieses Wissen aus unseren Händen geben und euch nun mitteilen, damit ihr den Kichererbsen behilflich sein könnt, zu erwachen:

Ihr braucht dazu eine Kichererbse, verbindet euch mit eurem Hohen Selbst, und dann ruft den Engel der Freude, den Engel des Humors und den Engel des Lachens und lenkt ihre Energien über euer System, über eure Hände in die Kichererbse. Wenn diese (energetisch) zu lachen beginnt, bedankt ihr euch bei den Energien und entlaßt sie wieder aus eurem Sein. Erdet und zentriert euch wieder.

Anschließend haben wir euch auch noch die Anwendung von erwachten Kichererbsen zusammengefaßt. Kopieren und die Weitergabe mit energetisierten Kichererbsen ist erwünscht und erlaubt!

- Problem aufschreiben, auf den Hausalter legen, Kichererbse darauf, bis man über das Problem lachen kann - dann Zettel verbrennen und bei Kichererbse bedanken.

- Schwierige Situation - Bitte an die Kichererbse um Hilfe, diese 3x reiben und warten, bis Energieübertragung stattgefunden hat (durch tiefes Ein- und Ausatmen unterstützen). Wenn Leichtigkeit spürbar wird - Prickeln oder sonstiges - bedanken und Kichererbse einstecken.

- Bei schlechten Träumen Kichererbse unter das Kopfpolster legen und bitten, diese zu vertreiben.

- Energetisierung von weiteren Kichererbsen: Einfach energetisierte "Mutterkichererbse" zu den anderen legen, um Energieübertragung bitten, einmal behauchen und sich dabei vorstellen, wie das Lachen von einer Kichererbse zur nächsten springt und sich dort verankert. Wenn die Auren orange leuchten, ist die Übertragung beendet. Bedanken. Diese weiteren erwachten Kichererbsen sind vor allen Dingen für die Verbreitung in der Welt bzw. im Universum gedacht. Sie eignen sich auch vorzüglich dazu, um "belastete" Menschenwesen zum Essen einzuladen, um sie schneller wieder zum Lachen zu bringen und ihre Energie zu erhöhen

Persönliche Kichererbsen haben gerne einen Namen!!!! Das finden sie lustig!

Die Kichererbsen können auch verliehen werden und müssen nicht gereinigt werden, da sie keine Energien aufnehmen, sondern nur aussenden.

Wichtig ist aber, mit den erwachten Kichererbsen zu "spielen" (um das Wort "arbeiten" aus unserem aktiven Wortschatz zu entlassen), damit sie nicht wieder einschlafen. Falls dieses geschehen sollte, können sie aber wiedererweckt werden.

Segen den Kichererbsen - Segen uns allen!
AMEN

AUSBLICK

Jetzt kommt die Stunde der Wahrheit: Wir setzen dieses Wissen so gut wir können um - und meistens funktioniert es auch.

Ich gestehe, daß es Tage gibt, wo ich glaube, zuviel um die Ohren zu haben oder ich sonst aus irgendeinem Grund keine Lust habe, verständnisvoll und liebevoll zu sein.

Auch an solchen Tagen sage ich mir, daß ich mich lieb habe.

Manchmal lasse ich einfach einen lauten Schrei los, um den Überdruck in meinem System loszuwerden und um mich dann wieder zentrieren zu können.

Wenn ich mich wieder beruhigt und ausgerichtet habe, spreche ich mit meinen Kindern und erzähle ihnen, welche Laus mir über die Leber gelaufen ist. Und sage ihnen auch, daß ich sie lieb habe.

Mir ist aufgefallen, daß in Zeiten, in denen mich meine Kinder nerven, ich mit mir in irgendeiner Weise unzufrieden bin. Diese Unzufriedenheit projiziere ich nach außen, Rowena und Jona fangen sie auf und "spielen" damit, und ich kann etwas über mich erkennen. Sobald ich dieses annehme und löse, sind die Kinder wieder umgänglich und angenehm.

Meine Kinder sind mir wunderbare Lehrmeister. Ich kann und will aber nicht immer gleich erkennen, was sie mich lehren möchten, und dann denke ich mir: Hätte ich mir bloß andere Meister gesucht. Nur um kurze Zeit später festzustellen, daß es für mich keine besseren und geeigneteren gibt.

Ich erzähle das deshalb, weil ich dir, liebe Leserin und lieber Leser, Mut machen möchte, es auszuprobieren; weil ich dir Mut machen möchte, anzuerkennen, daß du okay bist, so wie du bist, und daß alle Menschen okay sind, so wie sie sind. Hab dich einfach lieb! Es ist gut so, wie es ist!! Und laßt uns gemeinsam mehr über uns und unsere Achterbahnen lachen.

Langsam beginne ich auch den Spruch *"Werdet wie die Kinder, denn ihnen gehört das Himmelreich"* zu verstehen. Das Himmelreich ist in unserer jetzigen Entwicklung die fünfte Dimension, und die Kinder der Neuen Zeit weisen uns den Weg. Die fünfte Dimension verankern wir in dem Bewußtsein unserer Mitschöpferkraft, in Leichtigkeit, in Liebe, im spielerischen Sein - das ist die Energie unserer Kinder. Dieses Wissen, auch in uns wieder zu aktivieren, das lernen wir von unseren Kindern.

Denn letztendlich sind wir alle Kinder der Neuen Zeit.

ABSCHLIEßENDE WORTE DES KLEINEN VOLKES UND DER GEISTIGEN WELT

HANNIBAL

Bei der Überarbeitung des Manuskriptes fühlte ich die Anwesenheit des Kleinen Volkes sehr stark. Deshalb fragte ich es, ob es etwas einbringen wollte. Hannibal meldete sich. Wir kennen diese Wesenheit seit einem "Kiria Deva - Seminar" im Lichtgarten, wo es um die Aktivierung eines Kraftplatzes in unserer Umgebung ging und er sich vorstellte, weil er dort lebt.

BOTSCHAFT FÜR DIESES BUCH

Dieses ist HANNIBAL. Wisset, daß ich gekommen bin, um euch zu grüßen, daß ich gekommen bin als Sprecher aus dem Kleinen Volk. Viele von euch kennen mich bereits, viele von euch haben meinen Worten bereits gelauscht. Wisset, daß ich ein munteres Wesen bin, daß ich es liebe, mich auszutauschen, daß ich deshalb gerne auf Besuch in verschiedenen Häusern bin, obwohl hier mein Stammplatz das Anwesen ist, was eurer Freundin gehört. Ich bin gerne auf Reisen. Ich bin gekommen, um euch zu lehren über die Qualität des Festefeierns. Erkennt, daß es wichtig ist, mit euren Kindern Feste zu feiern. Ich möchte euch erzählen, daß wir beim Kleinen Volk sehr viele

Feste feiern, daß wir ein sehr lustiges Volk sind. Ich sagte bereits, daß wir gerne singen und tanzen. Bitte erkennt, daß dieses eine Qualität der Gemeinsamkeit ist, die ein gemeinsames kollektives Sein betrifft, denn die Feste sind mit unseren großen und kleinen Kindern möglich.

Wir feiern mit unserer gesamten Sippschaft, denn wir leben sozusagen in Sippen. Erkennt, daß Festefeiern auch verbindet, daß Festefeiern von großer Wichtigkeit ist. Ihr habt dieses sehr oft verlernt. Übt euch wieder im Festefeiern. Feste können spontan entstehen. Ein Fest ist ein Zusammensein von mehreren Wesen, die gemeinsam Freude teilen. Das ist ein Fest. Teilt eure Freude, nicht nur eure Sorgen. Das könnt ihr wunderbar. Teilt eure Freuden miteinander, teilt die Leichtigkeit, teilt die Frische des Lebens, teilt euer Lachen. Diese Energie ist eine Leichtigkeit in euren Herzen, eine Beschwingtheit in euren Herzen, diese Beschwingtheit öffnet eure Systeme. Die Offenheit macht euch offen und empfänglich für Kommunikation und Austausch.

Wir "arbeiten" viel mit euren Kindern. Wir tanzen viel mit ihnen, wir lachen viel mit ihnen, nicht nur, wenn sie träumen, gehen sie mit uns auf Reisen. Wir besuchen sie auch in ihrem Wachbewußtsein. Wir tanzen um ihr Bettchen, in ihrem Kinderzimmer, und wir schauen ihnen zu, wenn sie etwas erfahren, erkennen oder auch bauen mit ihren Spielsachen. Wir lenken unseren Sternenstaub, unsere Energien, die Farben aus der fünften Dimension, die Farben des Regenbogens hinein in ihre Systeme.

Wir spielen mit ihnen auch in der Form der energetischen Übertragung. Sie lieben das, sie lachen darüber, sie finden das lustig.

Wir kommunizieren. Wir helfen den Kindern, sich hier wohlzufühlen, wir helfen den Kindern, hier anzukommen, wir helfen den Kindern, zu verstehen, was Materie ist. Und auch zu verstehen, daß es viele Wesenheiten und Ebenen gibt, die miteinander im Austausch sind. Und das Verstehen bezieht sich hier auf das Nutzen, auf das Leben, auf den Austausch mit diesen Ebenen, auf das Anerkennen dieser Ebenen.

Es ist sehr wohl richtig, daß die Wesenheiten, die ihr Kinder nennt, über ihr Plauschen, wie ihr es nennt, oder Töne mit uns kommunizieren. Auf den Klängen, auf den Tönen sitzen manche Elfen und lassen sich auf dem Klang emporheben. Es ist wie eine Seifenblase, könntet ihr euch dieses vorstellen, wo die Elfe sitzt und emporsteigt auf diesem Klang, und dann macht es "plopp", der Klang hat sich aufgelöst in unendlichem Sein. Hm, das ist ein Spiel für Elfen. Kinder haben sehr große Freude daran. Elfen sind wichtig, Elfen sind Botschafter der Leichtigkeit.

Auch die Verbindung zu den Schmetterlingen als Botschafter der Freude und der Leichtigkeit, als Verbindungsglied zwischen dem Reich der Tiere, dem Reich der Menschen und dem Reich der Elfen ist von Wichtigkeit. Erlaubt den solaren Botschaftern, die die Schmetterlinge sind, auch mit den Kindern mehr zu kommunizieren. Macht eure Kinder aufmerksam, öffnet eure eigenen Augen.

Bitte, ein sehr weiser Spruch heißt: *Man sieht nur mit dem Herzen gut, das Wesentliche ist für das Auge unsichtbar.* Ich möchte euch bitten, daß ihr euch erlaubt, mit den Augen des Herzens zu sehen. Dann werdet ihr das Wesentliche erkennen. Der Austausch mit dem Volk der Kleinen ist wichtig auch für die großen Erdensternenkinder, sehr wichtig. Auch diese Bezeichnung des Kleinen Volkes ist sehr oft mißverstanden worden, so wie die Bezeichnung Kinder bzw. Kleinkinder. Auch die Bezeichnung klein bei dem Kleinen Volk bedeutet nicht, daß sie klein an Bewußtsein sind. Manche haben nicht die physische Größe von Menschen, auch ich nicht. Doch mein Bewußtsein ist alt, auch wenn es verpackt ist in einer sehr schelmischen Form, so ist es doch alt und ist hier seit Anbeginn der Zeit, wenn ihr so wollt, auf diesem Erdenstern. Wichtig ist die Verbindung zum Kleinen Volk, zu den kleinen Erdensternenkindern und zu den großen Erdensternenkindern.

Viel Verständnis kann geschaffen werden zwischen den Ebenen, wenn ihr euch einlaßt auf den Austausch, auf die Kommunikation mit Zwergen, Elfen, Feen, Gnomen, Kobolden, Bergwesen, Pflanzendevas. Erkennt, wie wichtig es ist, daß diese Kommunikation Raum nimmt und diese Kommunikation auch genützt wird für den Ausbau der neuen "Erziehungsmethoden".

"Erziehungsmethoden" ist nicht das richtige Wort, ist sehr negativ besetzt. Erziehung soll sein wie Festefeiern. Deshalb ist es wichtig, von uns wieder zu lernen, wie Feste gefeiert werden, in welcher Leichtigkeit und mit welchem Schwung, mit welcher Liebe. Dann feiert Feste in eurer Erziehung, und Erziehung wird sich auflösen in der Energie des andauernden Festefeierns. Erkennt, das andauernde Festefeiern ist eine Bezeichnung für den Bewußtseinszustand der Freude, der Freiheit, der Liebe. Das ist die Qualität von Festefeiern in unserem Sinne.

Dieses ist HANNIBAL. Gebt dieses hinaus und erinnert die Menschen an die Kraft des Festefeierns, an die Wichtigkeit des Festefeierns.

*****

Auch in den Einzelsitzungen (auch mit Kindern) meldet sich das Kleine Volk immer mehr zu Wort. Vor kurzem kam ein fünfjähriges Mädchen, das eine astrale Wesenheit im aurischen Feld hat, zu uns. Das Kleine Volk übernahm die Sitzung und geleitete die Seele, die sich nicht hatte lösen können, sanft ins Licht, und Elfen reinigten, füllten und schlossen liebevoll das feinstoffliche System des Mädchens. Mich berührten und faszinierten dabei die Liebe, Leichtigkeit und der Humor, mit denen diese Wesenheiten sprachen und wirkten. Das Kleine Volk ist wirklich eine wundervolle Unterstützung auf unserem Weg, und ich freue mich über die Möglichkeit der Zusammenarbeit.

Probiert es aus. Ladet sie ein, sprecht mit ihnen, schaut euch um in eurem Haus, in eurem Garten und geht mit dem Kleinen Volk in Kommunikation. Es lohnt sich!

HILARION

Dieses ist HILARION.

Segen und Willkommen möchte ich euch heute senden, ihr geliebten Erdensternkinder. Wisset, daß ich hier Raum genommen habe, um euch eine Botschaft zu geben. Ich möchte euch bitten, den Klang eures Herzens wahrzunehmen. Daß ihr euch erlaubt, euch auf die Energie eures Herzens einzulassen, auf die Liebe eures Herzens einzulassen. Und diese Liebe auszusenden, hinaus in die Welt zu tragen. Liebe zu sein. Liebe zu leben.

Es ist von Wichtigkeit, daß ihr erkennt, daß es nicht so sehr darum geht, ob ihr diese Liebe euren Kindern schenkt oder ob ihr diese Liebe euren Tieren und Pflanzen schenkt, sondern daß ihr erkennt, daß alles eins ist. Und daß ihr euch selbst diese Liebe zur Verfügung gebt und schenkt, wenn ihr sie einem anderen zur Verfügung stellt. Deshalb sage ich, liebt euch selbst. Und erlaubt, daß dieses überfließt und andere Herzen berührt, andere Herzen öffnet. Und daß ihr eins werdet auf der Ebene eures Herzens. Bitte erkennt, daß die Kinder der Neuen Zeit hier sind auch, um eure Herzen zu berühren, um eure Herzen zu öffnen. Damit ihr euch wieder erlaubt, eure Herzen zu öffnen für die Liebe, für die Selbstliebe.

Diese Kinder der Neuen Zeit sind wunderbare Geschenke. Geschenke, die kommen, weil ihr bereit seid, sie zu empfangen. Geschenke, die kommen, weil ihr auch diese Geschenke in Auftrag gegeben habt, einmal den Wunsch geäußert habt, daß ihr hier, wenn die Zeit reif ist, das heißt, wenn sich die fünfte Dimension wieder nähert, unterstützende Energien empfangen möchtet, die hier hereinkommen, hereinstrahlen, nicht nur im feinstofflichen Bereich, sondern eben auch über das bewußte Hereinkommen von Sternenwesen in physischen Körpern. Und dieses geschieht jetzt zu dieser Zeit.

Es geht darum, daß ihr erkennt, daß ihr eins seid und daß ihr gemeinsam diesen Neuen Morgen, dieses Reich des Friedens, das Goldene Zeitalter, die fünfte Dimension, verankert. Das ist ein kollektiver Prozeß. Dieser wird nicht getragen von ein, zwei Lichtarbeitern, von ein, zwei Lichtzentren. Dieser wird von euch allen getragen, und der Neue Morgen wird von euch allen geboren. Von den kleinen als auch von den großen Erdensternenkindern.

Freut euch! Freut euch über euch selbst! Freut euch aneinander. Freut euch auf das Neue Zeitalter. Freut euch aber auch an der Gegenwart. Genießt die Gegenwart. Genießt euer Zusammensein, euer Zusammenleben. Genießt den Austausch. Genießt die gemeinsame Zeit und das, was ihr daraus lernen könnt. Und lernt es mit Lachen, lernt es in Leichtigkeit. Erlaubt, daß die Energien der Schwere, die Energien der Dichte aus euren Systemen restlos fließen dürfen, entlassen werden aus euren Systemen. Und erlaubt wahrlich der Befreiung, der Freiheit, der Weite, der Liebe, der Freude, Raum zu nehmen. Tankt euch voll mit diesen Energien. Teilt diese Energien mit euren Kindern und erlaubt, daß eure Kinder diese Energien mit euch teilen. Nehmt dieses an von euren Kindern. Lernt von ihnen, und sie lernen von euch. Es ist ein ständiger Austausch. Es ist ein ständiges Fließen.

Lebt die Liebe und lebt die Freude und seid eins mit allem, was ist. Ihr seid eins mit allem, was ist.

Dieses ist HILARION. Seid gesegnet. Seid in der Liebe. Seid in der Freude. *Om Shanti*, der Friede sei immer mit euch, sei immer in euch, erfülle eure Herzen und dehne sich aus über den gesamten Erdenstern, durchdringe die großen und die kleinen Erdensternenkinder, auf daß sie sich in die Augen sehen mögen und sich erkennen im anderen Ich. Dieses ist HILARION. Seid gesegnet!

*****

KONTAKTADRESSEN

Wir haben begonnen, uns im Lichtgarten zu treffen, um uns zum Thema *Kinder der Neuen Zeit, spirituelles Zusammenleben, Erziehung* etc. auszutauschen. Vermehrt werden wir auch in unserem Zentrum Kurse für Kinder anbieten, damit sie üben können, ihre Fähigkeiten auf spielerische Art und Weise zu nutzen. Und natürlich haben bei uns auch die großen Kinder, Eltern, Großeltern, LehrerInnen etc. Möglichkeiten, für sich, mit sich und an sich Übungen, Meditationen und vieles mehr auszuprobieren, sich zu erkennen und zu wachsen. Wer Interesse daran bzw. Lust hat, mitzumachen, ist herzlich willkommen!

*****

AVA und ANTAN
Lichtgarten, Dr. Glatz Str. 27, A-6020 Innsbruck
Telefon/Fax: 0043.512.361985
E-mail: lichtgarten@lichtgarten.com
http://www.lichtgarten.com

Für Wien und Umgebung hat sich Yasmin bereit erklärt, bei Fragen im Zusammenhang mit Kindern der Neuen Zeit als Anlaufstelle zu dienen. Vielleicht bildet sich auch dort bald eine Gruppe, die sich regelmäßig trifft, austauscht und unterstützt.

Yasmin Blechinger
Schweizertalstraße 5/1/22, A-1130 Wien,
Postfach 2, A-1133 Wien *Ziepelofenpasse 27/3/1*
Tel./Fax: + 43 1 9443224 *1050 Wien*
E-mail: margarete.blechinger@chello.at (z. Hd. Yasmin Blechinger)

Im Chiemgau bildet sich ebenfalls ein Netzwerk für spirituelle Frauenarbeit und Kinder der Neuen Zeit:

Zentrum für Körper, Geist und Seele
Erlenweg 13
D-83224 Grassau-Mietenkam
Ansprechpartner sind dort:
Irmela Scheidle-Horkel, Tel.: 0049-(0)8641-3303 und
Marianne Uriella Kurtze Tel.: 0049-(0)8641-697522
oder Fax 0049-(0)8641-697523

Auch für Auskünfte über weitere Veranstaltungen in diesem Zentrum stehen Irmela und Marianne gerne zur Verfügung.

Abschließend möchte ich noch einige Adressen von Menschen und Zentren angeben, die zwar keine speziellen Anlaufstellen für die Kinder der Neuen Zeit sind, die aber durch ihre Arbeit/Seminare/Einzelsitzungen in der Zusammenarbeit mit der geistigen Welt an der Verankerung der 5. Dimension mitwirken.

Informationen über die aktuellen Termine der Zentren und Menschen erhalten Sie jeweils dort.

Claire Avalon
Zu erreichen über den Smaragd Verlag
Autorin und Medium der Großen Weißen Bruderschaft.
Einzelsitzungen und Gruppenchannelings mit den Aufgestiegenen Meistern. Arbeit mit schwangeren Frauen, die bereits vor der Schwangerschaft in einer Einzelsitzung waren.

Blaue Lichtburg
„Leben in Licht und Liebe"
In der Steubach 1
57614 Woldert
Tel.: 02684.978808
Fax: 02684. 978805
www.blaue-lichtburg.de
E-Mail: Smaragd-Verlag@t-online.de

Seminare und Vertrieb von spirituellen Büchern, CDs, Karten, Kalendern und Essenzen sowie Vermittlung von RückführungstherapeutInnen.

Trixa und Michael Gruber-Brecht
Les Champs Chamagne
La Montagne
F-90310 par Francogney
Tel./Fax: 0033.3.84944249
E-mail: Champs_Chamagne@compuserve.com
http://ourworld.compuserve.com/homepages/champs_chamagne
http://elyah.net
Channelings und Seminare mit den Aufgestiegenen Meistern

La Sylphide
Silvia Mutti
Postfach 3240
CH-5000 Aarau
Tel.: 0041.62.8243333
Fax: 0041.62.8243336
E-Mail: La.Sylphide@bluewin.ch
Autorin sowie Medium für hochschwingende, aus dem Kosmos gechannelte Essenzen als Hilfe für den Aufstiegsweg ins Licht.

Vor allem für Kinder geeignet sind die Gewürzenergie-Essenzen.

Barbara Vödisch
Postfach 1333
83203 Prien
Autorin und Medium. Channelings in Einzelsitzungen und Seminare mit der Aufgestiegenen Meisterin Lady Nada und in medialem Tanz.

Spirituelle Künstler
AEONA Art
Postfach 170 116
60075 Frankfurt am Main
Tel.: 069.720170
Fax: 069.7101924
Bildkarten und Kunstdrucke von Engeln, Lichtwesen und Aufgestiegenen Meistern.

Angelica
Sie malt Engel, Feen, Elfen und Lichtwelten und hat u.a. den Kalender *Im Zauberkreis der Feen und Elfen* herausgebracht.
Von ihr stammt das Titelbild.
Sie ist über den Smaragd Verlag erreichbar.

Armando de Melo
Schleißheimer Str. 220
80797 München
Tel: 089.303481 . Fax 089. 3080646
E-Mail: de.Melo.Horus@te-online.de
Armando malt die Aufgestiegenen Meister sowie Ihren persönlichen Schutzengel.
Postkarten und Kunstdrucke

Marcus vom See
Postfach 1237
79196 Kirchzarten
E-Mail: Marcus-vom-See@t-online.de

ÜBER DIE AUTORIN

Als Ava Minatti als Kind den Namen „Atlantis" hörte und erfuhr, daß dieses eine versunkene Stadt im Meer sein sollte, war sie entschlossen, diese zu entdecken. Damals begann ihre Suche nach der Quelle allen Seins, der sie im Laufe der Zeit ein gutes Stück nähergekommen ist.

Nach Ausbildungen in Reiki, Aura Soma und Yoga sieht sie heute ihre Hauptaufgabe darin, als Botschafterin der geistigen Welt zu dienen. Unter der Führung von Erzengel Gabriel stellt sie sich der Weißen sowie der Solaren Bruderschaft, den Engelwelten und dem Kleinen Volk zur Verfügung, damit diese durch sie sprechen und ihre Energien übermitteln können.

Gemeinsam mit ihrem Mann Antan leitet sie den Lichtgarten, ein spirituelles Zentrum in Innsbruck, wo sie in Seminaren und Einzelsitzungen anderen Menschen die Möglichkeit bietet, ihrerseits mit der geistigen Welt in Kontakt zu treten.

Sie ist Mutter von zwei Kindern der Neuen Zeit – Rowena, 2 ½ Jahre, und Jona, 11 Monate, die sie zu diesem Buch inspiriert haben.

Claire Avalon
Die Weiße Bruderschaft
EL MORYA: Was ihr sät, das erntet ihr!

256 S. brosch., ISBN 3-926374-59-4

EL MORYA, Aufgestiegener Meister und Herrscher des Ersten Strahls, zeigt in diesem Buch über Karma sehr anschaulich, daß es keinen strafenden Gott gibt, sondern jede Seele für das verantwortlich ist, was ihr widerfährt und daß jedes noch so kleine oder große Problem seine Ursache hat. Vor allem läßt er uns spüren, daß der Vater allen Seins mit unendlicher Liebe und Güte auf die Rückkehr jeder Seele wartet. Auch für Therapeut/inn/en ein wichtiges Buch.

Claire Avalon
Wesen und Wirken der Weißen Bruderschaft
ISBN 3-926374-90-X

"Wie wir wurden, was wir sind –
Und wie wir werden dürfen, um zu sein."
Die Autorin vermittelt in einfacher und klarer Sprache den Aufbau der Großen Weißen Bruderschaft, einer rein geistigen Hierarchie für unsere Erde, und geht dabei weit zurück bis zu den Ursprüngen unseres Seins.
Außerdem weisen die Aufgestiegenen Meister und Weltenlehrer, wie Jesus, Helios, Kuthumi, Maha Cohan, Maitreya, Sanat Kumara, anhand gechannelter Texte den Weg zurück ins Licht.

Claire Avalon
Channeling – Medien als Botschafter des Lichts

128 S. brosch., ISBN 3-926374-73-X

Claire Avalon schreibt – witzig und anschaulich – über ihre praktische Arbeit als Medium der Großen Weißen Bruderschaft und spricht u.a. folgende Themen an: Die Grundlagen des Channelings, physische und psychische Voraussetzungen auf beiden Seiten, Karma und Reinkarnation, Umgang mit dem Karma; Vertrauen und Beweise; Fragen und Antworten.
Im letzten Kapitel werden die Aufgestiegenen Meister und Lenker der Sieben Strahlen vorgestellt und kommen mit jeweils einer eigenen Botschaft zu Wort: El Morya, Konfuzius, Rowena, Serapis Bey, Hilarion, Nada und Saint Germain.
Eine wichtige Einführung in die wunderbare Zusammenarbeit mit den geistigen Ebenen.

Claire Avalon

Die zwölf göttlichen Strahlen und die Priester aus Atlantis

384 S., geb., ISBN 3-93425412-8

Dieses umfangreiche, ausschließlich gechannelte Werk enthält hochinteressante Informationen über das Wirken der zwölf göttlichen Strahlen und macht uns mit dem neuen und doch alten Basiswissen aus Atlantis vertraut, das uns bisher nicht zur Verfügung stand.
Im ersten Teil beschreibt der Aufgestiegene Meister El MORYA den Weg ins Neue Zeitalter und die grundlegende Arbeit mit den zwölf göttlichen Strahlen.
Im zweiten Teil des Buches macht er uns anhand eines leicht verständlichen Beispiels damit vertraut, wie wir mit Hilfe der zwölf Strahlen in zwölf Schritten einen sinnvollen Plan umsetzen und somit zum Mitschöpfer werden können.
Im letzten Teil lernen wir 84 atlantische Priester und Priesterinnen kennen, die von EL MORYA vorgestellt werden und dann selbst zu ihren speziellen Aufgaben sprechen. Auf jedem der zwölf Strahlen dienen sieben von ihnen, indem sie die Aufgestiegenen Meister und Weltenlehrer mit ihrer makellosen atlantischen Energie unterstützen. Erst jetzt, zu Beginn des Neuen Zeitalters, ist ihre Zeit gekommen, sich uns zu offenbaren und uns ihre göttliche Hilfe anzubieten.
Ein wichtiges Buch, das auch viele Therapeuten, Heilpraktiker und Helfer der Menschheit erreichen möchte.

Barbara Vödisch

Lady Nada – Meditationen der Liebe

128 Seiten, DIN A 5. Softcover. ISBN 3-934254-00-4

Für alle die Menschen, die *Lady Nada – Botschaften der Liebe* mit Begeisterung gelesen haben und diese Botschaften praktisch in ihr Leben integrieren möchten.
Meditieren Sie mit Nada –

Meditationen zur Erinnerung an eine Existenz in bedingungsloser Liebe; für Liebe und Vergebung; Befreiung von Abhängigkeiten in Beziehungen; die Liebe zu sich selbst: für den inneren Frieden, u.v.m. –

als Hilfe, uns daran zu erinnern, was und wer wir wirklich sind.

Barbara Vödisch

Lady Nada: Botschaften der Liebe

196 S., DIN A 5, Softcover, ISBN 3-926374-75-6

Hier ist die Antwort der geistigen Welt zu einem Thema, das die Menschheit seit jeher bewegt hat.
Nada, Aufgestiegene Meisterin, spricht über das Thema Liebe in all seinen Facetten: Die Liebe zu sich selbst und zu anderen; zu Pflanzen und Tieren; Kontakt mit der geistigen Welt – das sind nur einige Themen dieses Buches, aus dem so viel Liebe strömt, daß einem bei der Lektüre ganz warm und das Herz ganz weit wird.

Barbara Vödisch
Botschaft von Andromeda – Lebe den Himmel auf Erden
ISBN 3-926374-91-8

Die Wesenheiten von Andromeda sprechen hier erstmals aus ihrer Welt unendlicher Liebe und unendlichen Seins zu uns Menschen. Ihre Botschaft lautet: Unser wahres Zuhause, unser göttliches Selbst und die göttliche Liebe sind nicht außerhalb unseres Selbst und unseres Lebens zu finden, sondern in unserem konkreten Leben auf der Erde.

Barbara Vödisch
Einssein mit Gott – das Ende jeder Suche
192 S., brosch. ISBN 3-934254-08-X

Mit überwältigender Intensität und Dringlichkeit über Wochen, von einer nicht beschreibbaren unendlichen lichten, in in allem enthaltenen Energie erfaßt, empfing die Autorin innerhalb kürzester Zeit diese Durchgaben von "ES", göttliches Sein, das zu uns Menschen spricht, um uns zu helfen, die Einheit mit Gott zu erfahren. Eins sein mit Gott ist nicht Erleuchteten in Indien, Mönchen oder Asketen vorbehalten. Es ist jedem Menschen zu jeder Zeit möglich. Dieses Buch räumt daher mit Mißverständnisse und Tabus auf und ermutigt und hilft dem spirituell erfahrenen, aber auch dem unerfahrenen und skeptischen Leser, aller Suche ein Ende zu machen und unendliches göttliches Sein, unendliche göttliche Liebe für immer gewahr zu werden.

Silvia Mutti
Kosmische Essenzen
Tore zum Göttlichen ICH BIN
352 S., geb. ISBN 3-934254-07-1

Diese immens hoch schwingenden Essenzen – aus dem Kosmos gechannelt – dienen als Hilfe, Blockaden und Belastungen der Vergangenheit schneller zu lösen, damit wir die in uns allen schlummernden Potentiale positiv leben und uns so schneller spirituell entwickeln können.
Lichtwesen, Meister, Weltenlehrer und viele andere Wesen aus der geistigen Welt haben durch ihre wunderbaren Energien dazu beigetragen, dieses Essenzenprojekt zu verwirklichen, das unter der Leitung von Jesus Christus steht.
Mit den vielen Meditationen und Übungen auch ein wichtiges Arbeitsbuch für Therapeuten und Astrologen – aber ganz besonders auch für Eltern, die ihre Kinder bereits früh mit Essenzen auf ihrem Weg begleiten möchten. Vor allem die Gewürz-Energieessenzen wurden für die Kinder der Neuen Zeit gegeben und helfen ihnen, den Übergang von der alten Welt in die neue besser zu bewältigen

Worte der Aufgestiegenen Meister

Gesammelt und zusammengestellt von Stella Maris
52 Karten + Begleitheft in einer Box.
ISBN 3-934254-13-6

Immerwährende Weisheiten von El Morya, Hilarion, Maitreya, Jesus Christus Sananda, Serapis Bey, Kwan Yin, Lady Nada, Rowena, St. Germain und vielen anderen Aufgestiegenen Meistern.
Man zieht eine Karte als Motto der Woche, um die Energie des einzelnen Meister oder der Meisterin in sein Leben einzuladen und so den Alltag besser zu bewältigen. Eine praktische Lebenshilfe in einer Zeit der Hektik und des Stresses.

"Der Weg der Erleuchtung liegt in der Entscheidung, sich der göttlichen Kraft zu öffnen und das Göttliche im Alltäglichen zu lieben". (Lady Nada)

Anna Amaryllis
Die Weiße Bruderschaft – Freunde im Licht

160 S. brosch., ISBN 3-926374-52-7

Dieses Buch gibt einen Einblick in das Wirken der Weißen Bruderschaft, zu deren Mitgliedern u.a. Jesus, Daskalos, El Morya, St. Germain, die Indianerin No-Eyes und Yogananda gehören. Es vermittelt Zuversicht, Kraft und Freude all denen, die um die Frunde im Licht wissen und sich diesen Energien öffnen.

Das Einstiegsbuch zum Thema DIE GROSSE WEISSE BRUDERSCHAFT.

Jason Leen
Die andere Seite der Tür

196 S., DIN A 5, Softcover, ISBN 3-926374-86-3

„Das Schicksal der Erde ist ein völliges Eintauchen in das Wunderbare. Die Trennung von Gott, die sich die Menschheit vorstellt, existiert in Wahrheit nicht." John Lennon schildert über das Medium Jason Leen seinen Einweihungsweg durch die sieben Tempel und lüftet den Schleier des Geheimnisse: Was wird aus uns und der Erde? Eine Botschaft voller Liebe und Hoffnung.

Bitte fordern Sie unser kostenloses Verlagsverzeichnis an:

Smaragd Verlag
In der Steubach 1
57614 Woldert (Ww.)
Tel: 02684.978808
Fax: 02684.978805
E-Mail: Smargd-Verlag@t-online.de
www.smaragd-verlag.de

Oder besuchen Sie uns im Internet unter der obigen A-dresse.

*****

Voraussichtlich ab Januar 2002
Ava Minatti
Die Heilung des Inneren Kindes
ISBN 3-934254-37-3